映画演出

井裕也

聞出版

プロローグ

第一部●二〇一八年、二〇一九年 変わった人との出会い

映画演出・個人的研究課題　目次

幼かった頃の思い出

内面考察

今の時代

映画のこと

第二部●二〇二〇年

解説

本書の第一部は、『AERA』2018年4月30日-5月7日合併号から2019年4月1日発行号掲載の連載エッセイ「ウーハイあるいはウーロンハイ」に加筆・修正し、再構成したものです。時制や人物の状況などは掲載当時のまま収録しています。

装丁　山田和寛（nipponia）
校閲　玄冬書林
写真　石井裕也

プロローグ

映画演出・個人的研究課題

商業映画監督デビューして間もない頃、あるベテランスタッフがふと呟《つぶや》いた一言が今も強烈に頭の中に残っている。

「結局俺たちは、芝居を撮ってるだけだから」

それを聞いた若き日の僕は、心の中で反論せざるを得なかった。映画は総合芸術と言われる通り、撮影や照明、美術、音、衣装、ヘアメイク、ＣＧなど、あらゆる要素を結集させるはずのものなので、演技だけが全てではない。だから「芝居を撮ってるだけだから」という呟きは、俳優を過剰に持ち上げた映画スタッフ的自虐発言だと当時は解釈して少しムッとしたものだが、考えてみれば「芝居」という言葉をその時に初めて強く意識したのだ。それまでももちろん演技という言葉には馴染みがあったが、芝居という言葉は普通に生きていてもなかなか使わない。概ね当事者たちが使う言葉で、そこには自負と卑下が混在したニュアンスがある。

演技という言葉に限りなく近いが、芝居という言葉にはもう少し妙な深度と妖《あや》しさがあると思うのだ。気を抜いた途端に一瞬で嘘が暴かれる、そんな危険な匂いが漂っているし、実際におびただしい数の人間を狂わせ破滅させてきたであろう暗い時間の軌跡すら感じる。

それから僕は長い時間をかけて芝居というものを個人的研究課題のひとつとして考え続け、そのうちに自然と完全にあの呟きに同意するようになっていった（恐らくかなり曲解して理解していると思うのだが……）。そしてもはや確信さえしている。

映画は、芝居だ。

ストーリーがどうのとかアクションがどうのとか、まあそれも理解できるが最も重要なのはやはり圧倒的に芝居なのだ。これは疑いようのない事実だ。もちろんそれは俳優の芝居・演技に依るところがとても大きいのだが、よく巷《ちまた》で耳にするような「あの女優さんは演技が上手ですよね」とか、そういうぬるい次元の話では全くない。

芝居は、人間の強烈なる真実と魂を宿せる可能性のある「嘘」だ。そして芝居をしているのは俳優だけではなく、撮影現場にいる全ての人間も同じ。そのことに気づいてしまって以来、僕は芝居というものにとり憑かれてしまった。異常なほどの人間の迫力や熱気は、芝居という嘘からのみ発生するのだと確信している。

本物の嘘を見る

よく映画監督って何をしているんですかと尋ねられることがある。気軽に尋ねられると困る。本当にかなり困る。何を言っても理解されないに決まっているので「いろいろしてます」とお茶を濁《にご》すのが常なのだが、よくよく考えれば実は自分でもよく分かっていない部分が大きい。「演出です」という答えは妥当だが、結局演出なるものの位置付けも至極曖昧なので、それだけで納得し理解できる人はそう多くないのではないかと思う。

どのような職種の社長でも課長でも班長でも同じようにいわゆる「演出」なるものをしていると思うのだが、ある人間の集団が持っている能力やポテンシャルをより効果的に最大限引き出すことが、すなわち演出。何の頓知《とんち》も利かせずに真面目に説明するならそうなると思う。

もちろん演出という言葉にはそれ以外の意味もある。映画でいうなら、映像に音楽を入れることによってより情感的なものにしたり、撮影や編集によってストーリーをより劇的にスリリングなものにしたり。そういう技法的なディテールも演出の一環だが、そんなものはある程度の脳みそと知恵と経験さえあれば誰でもできる（と、極端なことを言ってみる）。

技術は努力によって生み出せるし、アイデアは悩めば結果的に出てくるものなので、まず最も重要な演出とは、映画の中に関係者全員の気迫を封じ込めることだと思う。

昭和五十八（一九八三）年生まれ、精神論を持ち出す最後の世代であることに一抹の恥じらいを感じながらも、現時点では僕はそう信じている。

だが、そんな偉そうな持論をここで書いている事実を知った俳優やスタッフは、好むと好まざるとに関わらず以後きっと僕を色眼鏡で見ることになると思う（いや、そうに違いない）。「なんかあいつ、偉そうに演出についてあんな風に語ってたぜ」と。そうなった場合、彼らに対する僕の演出は以後、自ずと微妙に変化するだろうと思う。僕に疑いの目を持つ人に向ける言葉は当然、通常のものと変わるはずなのだ（変わらないほうがおかしい)。つまり演出の方法論は流動的で体系化されようがない。まさに今現在の人間関係に左右されるものであり、その都度やり方が変わるということだ。これもどのような職種の社長でも課長でも班長でも同じだと思うが、たとえば「こうやってください」という言葉ひとつをとってみても、人間関係や状況によって受け取られ方に違いが出るのは明らかだ。同じ言葉でも、人によってはまるで別の響きとして伝わる。好きな人からの「馬鹿」と嫌いな人からの「馬鹿」は、天国と地獄ほどの差がある。

演出方法は、演出家の年齢や声質によっても変わるだろうし、映画で言えば撮影現場の疲労度や天候、前日のスタッフの酒量などでもかなり変わってくる。当然選択する言葉やそれを発するタイミングも状況に応じて変わる。お洒落な演出家なら、撮るシーンによって髪型や服装なども変えるんじゃないかと思う(知らないけど)。

聞いた話で恐縮だが好例を挙げる。ある新人のテレビディレクターが歴戦のベテランスタッフにものを頼む際、「こうしてください」とお願いすると「うるせぇ若造!」とへそを曲げられるが、「これ、難しいですし……、多分……、できませんよね?」と尋ねる形にすれば「できるよ。やってやるよ」とすんなり聞き入れてくれるらしいのだ。言い方ひとつでかくも結果が変わるということの例で、演出とはつまりこういう人間関係の積み重ねに過ぎない。

また、こういうパターンもある。僕の知り合いのある後輩の監督は撮影現場でずっと悩んだフリをしていて、まるでリーダー然とした雰囲気を醸し出さない。彼の愛くるしいキャラクターもあって、周りのスタッフは次第に彼を心配し、同情していき、「しょうがない。監督を助けてあげなくては」と一肌脱ごうと思うらしく、結果的に通常よりさらにスタッフたちが頑張るらしいのだ。実は、これも演出なのだ。演出家のスタイルには暴君タイプもあれば、「被同情型」もあるというわけだ。

つまり、演出も芝居に他ならない。映画をより良いものにするために、あの手この手を使って何らかの求心力を作ること。

先でさらっと触れた通り、芝居をしているのは俳優と演出家だけではなく、スタッフも同じだ。優秀なスタッフほどより良い映画作りのために自ら適切な役割を演じるし、これに関しても一般的な職種と何ら変わりはないと思うのだが、各人がひとつの作品や作業のために通常の自分ではない新しいマインドや姿勢を作り直して臨んでいるはずだ。つまり、これも芝居だ。

優れた芝居は、対峙した誰かをも芝居的にさせる。要は、芝居の力は連鎖していく。

映画の現場全体が熱気のある嘘の連鎖で包まれた時、マジックが起こる。芝居とは表面上だけ見ればただの嘘だが、実は、本当の自己や真実に迫ろうとするこころみだ。何かを演じることで、今まで知らなかった、自分の中に眠っていた能力が突然立ち上がる、という図式。

そもそも芝居とは、人間が生きる上での基本的態度のひとつだ。人間は嘘をつく生き物だ、と言い換えてもいい。幼い子どもを注意深く見ていると、頻繁に何かを演じていることが分かる。物を食べるフリをして「おいしー」と叫ぶ子どもは、物を食べる行為を演技によって実際の食事よりも純化させながら、さらにそれを大人に見せつけて楽しんでいる。それだけではない。人間は幼い頃から、理想の自分になろうと演じることで「自分」というワケの分からない複雑な存在になっていく。当たり前だが、合コンでも面接でも、人間は常に芝居をしている。人によっては、一人でドライヤーをしている時も「自分自身に向かって」芝居をしているのではないか（自分自身を騙そうとしている場合もあるし、誰かを騙す練習をしている場合もある）。

ただでさえ芝居的に生きる人類の中でも一等芝居に優れた一流たちが集う撮影現場は、だからこそ本当に特別なものだと思う。頭から煙が出そうになるほど苦悩し、命がけになって芝居をしている人間の姿は時に祈りのように見える。きっとたどり着けないであろう自己の真実というものに、それでもたどり着こうともがき続ける行為は崇高にさえ見える。重ね重ねになるが、これは俳優の芝居に限定して言っているわけではない。映画の撮影現場は、それ全体が芝居をしているのだ。ある目的へ向かって、うねるように全体が芝居している。いい大人たちが一丸となって嘘を本物にしようとする撮影現場には、何にも代え難い極上の昂揚がある。

わりと簡単に人を洗脳できてしまうこと、また自分もかりそめの陶酔に溺《おぼ》れてしまう危険が常にこの昂揚の中にはあって、なるべく冷静な頭でいようと一方ではかなりの配慮をしているつもりだが、一度味わうとやめられなくなってしまう昂揚＝魔力が映画には確実にある。

韓国で映画を撮る

二〇二〇年の二月から三月にかけて韓国で映画を撮っていた。スタッフのほぼ全員、キャストの大半が韓国人で、しかも全篇にわたっての海外ロケは僕自身にとって初めての経験で、言ってみればこれはつまり壮大な「海外挑戦」だったわけだ。

最初に企画を立ち上げてから優に三年近くの時間が経ってしまっていた。これまで日本で培ってきたノウハウ、経験がまるで通用しない局面が多々あり、当然韓国語は一切話せないから問題が起きてもなかなか上手《うま》く解決の糸口が見つからず、ノイローゼにならんばかりに苦しんだ。いや、多分ほとんどノイローゼだったのだと思う。まるで何かの罰を受けているかのようだと感じたのは一度や二度ではない。朝起きても一向にパソコンの電源を入れなかったのは明らかな現実逃避だったし、原因不明の眠気が襲ってくるので一日に三回昼寝していた日々もある。簡単に言えば恐怖を感じていたのであり、恥ずかしい話だが、これまでいくつか受賞した映画賞を思い浮かべては、「ということはつまり、俺は才能があるはずなのだ……」と、最終的にはそういうダサい自己暗示にすがりついたりもした。自分でも驚くほど己のダサさを痛感しながら、苦しみの果てにようやく何とか撮影が軌道に乗ってきたのだが……。そんな矢先にコロナウイルスが猛威を振るい出して……。

とにかく散々な思いをしたが、そうやって格闘して作った映画の出来はやはり最高なのだ。当然これまでの自作とはまるで違う風景と人が写っていて、新しさがちゃんとある（と、自分では思う）。

それでも思い出したくないほどの、まるで悪い冗談のような苦い記憶はまだ僕の頭の中を縦横無尽に駆け巡っていて、ほとんどトラウマ体験のように残っている。ボロボロになった撮影直後の今思うのは、もうこれ以上は僕の能力ではできなかった、「これが精一杯です」と声を大にして断言できるほど、力の限りを尽くしたということだ。持てるものは全て映画のために差し出した。

こういう難産タイプの映画は、得てして呪われたように苦難が続くものだ。実際、撮影が終わり、帰国してようやく休めると思った矢先に痛風になった。右足の親指の付け根が銃撃されたような凄《すさ》まじい痛みに襲われ、比喩ではなく、歩けなくなった。父も祖父も痛風の、いわゆる痛風一家なのだが、発症した時はさすがに恥ずかしく、かなりショックで、誰にも言えなかった（これまで痛風の人を馬鹿にしてきた自分が悪い。日に二リットルの水を飲むことを課せられ、デカいペットボトルを携行しているオジサンたちを蔑《さげす》んだ目で見ていた。若さゆえに）。

言い訳をすると、きっと韓国でビールばかり飲んだせいなのだ。韓国の焼酎はケミカル系のものしかないし、酒類のバリエーションが少ないからとにかくビールをひたすら飲んだのだ。韓国人の撮影監督と、プロデューサーと、照明スタッフと、俳優と共に……。大いに酒を飲み、語らい合った。互いを理解し合う上で、とても大切な時間だった。

だからこの痛風は、韓国での僕の格闘の痕跡だ。

痛風発症をダサい感じにはしたくないので、僕の中でそう結論づけることにした。今後はそうやってもっともらしく人に説明しようと心に決めている。

この海外挑戦の顛末に関しては、この本の後半に詳しく書こうと思う。

ＡＥＲＡ

今から十二年前の二〇〇八年、香港国際映画祭で僕の自主映画作品の特集が組まれたので、香港へ向かった。出演者でもあり英語字幕の翻訳もしてくれた潮見諭《さとし》さん夫妻も、せっかくだからと旅行も兼ねて同行したのだが、何故かそこにさらに謎の同行者がいた。同行の同行。夫婦水入らずの旅行に同行する気になった理由も分からないまま、正体不明の「同行の同行者」に会う羽目になったのだが、彼はやけに明るいナイスガイの常冨浩太郎さんという人だった。

それが初対面だったが、彼が十年後に「ＡＥＲＡ」の副編集長となり、僕に連載の話を持ちかけてきてくれるとは、まさかその時には知る由もない。

謎にフットワークが軽いナイスガイは大抵自分のことを下の名前で呼ばせたがるので、僕も例に漏れず「浩太郎さん」と呼んでいたのだが、十年後に再会した時に「どうも常冨です」みたいなＡＥＲＡ的な感じになっていたのには少々驚いた。

いずれにしても彼のおかげで一年間連載ができたわけで、その奇遇な縁にはとても感謝している。

普段から日常的に脚本を書いている者としては、同じ文章でも連載はまるで違う脳みそを使うので、書けば書くほど本業でこんがらがった頭の中がすっきりと整理されるような爽快感があって、個人的にはとても楽しかった。実際、脚本は撮影のために書いているので、書斎で書き終えても撮影しない限り終わりが来ないものだ。悶々とした気分はいつまでもつきまとい、まるで楽しくなく、ほとんど地獄にいるような気分になるのだが、連載は必ず毎週終わりが来るので精神衛生上すこぶる助かった。

二〇一八年の四月から一年間、時には直面している社会問題について真面目に書き、時には過去の記憶を短篇小説のように書いていて、統一性はまるでない。また、これらが本当に価値のあるものなのかどうかは自分では分からない。それでもこうして全てをまとめられる機会を得られたのは、この上ない喜びだ。

謎の同行者であった浩太郎さんと、十年経った後にまた不思議な旅を共にしてしまった。そんな感覚だ。

第一部●二〇一八年、二〇一九年

変わった人との出会い

モーガン・フリーマン

渋谷の道玄坂にある中華料理屋に入った瞬間、すぐに店内の異変に気がついた。昼の十二時少し前、五人組の男が泥酔している。皆一様にニッカボッカ姿で、目の据わり具合や声の大きさからいって恐らく前日から夜通し飲んでいた様子だ。店主らしき婆さんは「いい加減帰らなかったら警察を呼ぶぞ！」と男たちを罵《ののし》っている。「うるせぇババア殺すぞ！」と叫び返す男たちは、いやはや血の気が多そうだ。

人生においてこういう特殊な状況に立ち会ってしまうケースはままあるが、言わば抜き打ちの実力テストのようなもので、強制的に一人の人間としての態度が試され、人間性の真価が問われることになる。

だが、今回の場合は少し特殊で、どうするべきかの判断が極めて難しいシチュエーションだった。何故なら、婆さんとニッカボッカの男たちが激しく罵り合う中、まるで別の時空にいるかのように僕の隣では店員の兄ちゃんが涼しい顔で賄いをパクパク食っている。新しく入ってきたサラリーマンの客は何食わぬ顔で炒飯を注文し、耳にイヤホンをして目を閉じた。厨房ではオヤジがいたって普通に炒飯を作り始めた。

一体これはどういうことなのか。誰にどう助太刀するべきか、誰を制止するべきか。分からなかったので、とりあえず僕もホイコーロー定食を注文した。

「はいよ」という気の抜けたオヤジの声が返ってきた。

やがてまた時空に歪みが生じた。五人の男たちの声量がさらに上がり、怒声が乱れ飛び始めた。「モーガン・フリーマンは巨乳だ！」「いや、モーガン・フリーマンは巨乳じゃない！」と仲間割れを始めたのだ。「モーガン巨乳派」と「モーガン巨乳じゃない派」の二派に分かれ、物凄い剣幕で言い争っている。そしてなぜか「モーガン巨乳派」が三人、つまり多数派だったのである。僕は混乱し、思わず自分を見失いかけながら、モーガン・フリーマンは黒人の名優で、しかもかなりのお爺ちゃんだと自らに言い聞かせ続けた。少数派二人の意見としては「確かに小さくはないが、モーガンが巨乳だとは言えない」のだそうだが、もう何が何だか分からない。渋谷の時空は歪み続けた。

ホイコーローが来たので、僕は食べ始めた。男たちはさらにヒートアップし、つかみ合い始めた。この光景を実際のモーガン・フリーマンが見たらさぞ悲しむだろうと思っていると、店主の婆さんは呆れ果て、無視を決め込んだ。それでも状況は悪化する一方だ。僕は人間性を問われている抜き打ちテストの真っ最中であり、男たちがこれ以上暴れたら、多少面倒だが仲裁に入らなければいけないだろう。何かあったらまず女性である婆さんを守ろう。そんなことを考えながらしっかりホイコーローを完食した。

仕事の打ち合わせの時間が迫っていた。婆さんには申し訳ないが行かなくてはならない。「ごめん婆さん」と心の中で呟きながらレジに向かう。「止めてほしいなら止めるけど」と僕がアイコンタクトを送ると、婆さんは「大丈夫。いつものことだから」と苦笑した（ように見えた）。

ホイコーロー定食八百円也。細かいのがなかったので婆さんに一万円札を渡した。

その時だった。

婆さんが、かなり大きな舌打ちを、しかもかなり派手にした。チッという破裂音が僕の胸に突き刺さった。「一万円なんか出すなよコラ」という婆さんの心の声が聞こえたようだった。

なぜだ。僕は「モーガンが巨乳か巨乳じゃないか、そんなのはどっちでもいいと思っている派」なのに。

結局僕は「モーガン巨乳派」たちと同じ時空に生きていて、婆さんからすれば同じように煩わしい存在でしかなかった。

渋谷には人が溢れ返っている。これは何も、悲しい話ではない。

（連載第4回　２０１8年5月28日号）

新鑑真号

新鑑真号をご存じだろうか。大阪、神戸と上海をつなぐ定期フェリーである。僕は十九歳の時にこの船で中国大陸へと渡り、貧乏旅行をした経験がある。

飛行機ではなくあえて海路を選ぶのだから、乗客にはそれぞれの深いワケや特殊な事情がある。往路にも様々なドラマがあった。日本で生まれ育ち、初めて中国の地を踏まんとする中国人青年、「マツタケを（違法に）採りに行く」という九十歳の老人、芸能事務所の社長（なぜ船に乗っているのだ！）、あらゆる人と話し込んだ。何しろ上海まで丸二日間かかるので、知らない人との間に自然と会話が生まれる。おまけに大海原を漂っている感覚が人をセンチメンタルにさせるのだろう。話は尽きない。

復路はさらに衝撃的だった。世界中を旅してきた猛者たちが多数乗船していた。彼らはあらゆる大陸を渡り歩き、最終的に上海まで陸路でたどり着き、新鑑真号で日本を目指していた。どこで何をしてきたのかさっぱり分からないが、ある人は目だけを爛々《らんらん》と輝かせマサイ族の盾を掲げていた。女性がらみの喧嘩でボコボコにされ、ドイツで緊急の形成手術をしたら平井堅のような彫りの深いイケメンに変身してしまって「ラッキーだわ〜」と言っていた人もいた。それぞれのドラマのエピローグを乗せた船が、海の上をどんどこ日本へ向かっていた。

その中に一人、Kさんという心の優しい男がいた。それまで定職にも就かずさんざっぱら世界中を放浪していた人だ。実家の酒屋を継ぐことを拒否して十年以上放浪の旅を続けていたが、ついに三十歳を目前に帰国し、家業を継ぐ決心をしたらしい。その理由について「こんな旅はいつまでも続けていられないから」と自嘲的に笑いながらも、これから社会人として生きていく将来を悲観し、自由奔放な旅に後ろ髪を引かれているような様子だった。彼はベトナムの農民が被るノンラーという麦わらのような三角帽をかぶっていた。「旅の相棒だ」と言っていたが、直径四十センチを優に超える見慣れない代物を船内でも常にかぶっているのでいささか異様に見えた。それを絶えず手放さなかったのは、Kさんにとってノンラーが自由の証しであり、誇りの象徴だったからだろう。

新鑑真号を降り、神戸駅までKさんと一緒に行った。彼の旅の終わりを見届けるつもりだった。

別れの時。笑顔で手を振るKさんを乗せた電車に、次々と背広を着た乗客が乗り込んでいった。帰宅ラッシュにはまだ時間があったが、意地悪な程に人が車内に吸い込まれていき、やがて満員になった。

Kさんがかぶっているノンラーは明らかに邪魔だった。この国の一般社会にとって、ノンラーは一切必要とされていないのだ。Kさんは乗客の波にのまれながら、必

SCHOOL
YOUNG BLOOD
The Who
Premier

死に三角帽を手で押さえていた。発車のベルが鳴ったが、世界の意地悪は依然としてまだまだ続き、人はどんどん乗ってくる。

乗客たちに押しのけられながら、あるいは「誰だよこいつは」と露骨に嫌悪の目を向けられながら、Kさんは僕に向かって小さく、はにかむように笑った。そして、ノンラーを脱いだ。

Kさんのその笑顔は優しかった。きっとこれが彼にとって人生で最後の笑顔なのだと、もう永遠に本当の意味での笑顔にはならないのだろうと、僕には何故か冷たい確信があった。

（連載第10回　2018年7月9日号）

アルバイトの思い出

「今はどうだか知らないが」と、まずはこれを強調しておこう。

今から十五年ほど前の大阪・西成《にしなり》では麻薬が氾濫していた。どれぐらい氾濫していたかというと、誰もが当たり前のように道端で覚醒剤を売っていたし、買っていた。

交差点に人差し指を上げて立っているジャージ姿のオジサンはまず間違いなく売人だった。そこにタクシーが横付けし、運転手が普通に買っていた。

大学の卒業制作映画の資金のために百万円が必要だった僕は、西成のビデオ試写室でアルバイトしていた。自慢ではないが、社会に適合しづらい性格で、アルバイト情報誌を隅々まで見ても、自分にできそうな仕事がほとんど見当たらない中で、「これなら俺にもできそうだ」と思った仕事が唯一それだったのだ。

ビデオ試写室とは、名目上ではアダルトビデオを個室で見られますよ、という店なのだが、西成のその店にビデオが見たくてやって来る人はほとんどいなかった。九十九パーセントの客は覚醒剤を打つために、手軽に一人になれるスペースを求めてやって来る。その内の半数以上の人は日雇い労働者なので、宵越しの銭は持たない。さらにその内の半数以上の人はクスリで酩酊し、素寒貧《すかんぴん》にもかかわらず時間内に部屋から出てこられない。酷い人は、丸二日間ぐらい出てこない。

お客様はほぼ全員ラリっていらっしゃるので、接客の必要はない。どうせ何を言っても伝わらない。

だから僕は、アダルトビデオがヘビーローテーションされているテレビモニターの前に座り、一晩中脚本を書いたり、物思いに耽《ふけ》っていた。夜十時から朝八時まで、週六日、時給七百円。結果的に使用済みの注射器を片付け続けて百万円を貯めたのだが、言ってみればこれが僕の青春だった。

バイト仲間はみな愉快な人だった。シンナーとパンチで脳がやられたプロボクサーは、地下鉄の中で思わず従姉妹と関係を持ってしまい「親戚と顔合わせづらくなったわぁ」と嬉しそうに笑っていた。最も仲が良くなった同僚は、後で知ったことだが連続窃盗犯だった。優しい人だったが、突然いなくなった。

客である麻薬の売人とも親しくなった。映画の資金に困った時、「一緒にシャブ売らへんか」と誘われ（つまり西成におけるヘッドハンティングだ）、心がピクリと動いたことがある。聞くところによると報酬はかなりいい。「絶対捕まらへん。社会は必要最低限のシャブを流通させるようにできてんねん。じゃなきゃいろんな別の犯罪が起こるやろ。上手いことできとるんや、ヌハハハハ」と言っていたその人は、翌日に逮捕された。とても親切な人だった。

今、あの人たちはどうしているのだろうか。元気にやっているだろうか。

誤解を恐れずに言えば、誰もがかなりエグめに法を犯してはいたが、あの店に出入

りしていた人の大半はとても心根が優しかった。オナホールが気持ち良くないからと言ってキレまくって店内で暴れたヤクザのオジサンも、根は良い人だった。

多分みんな、優しすぎて、弱すぎたのだ。

（連載第12回　2018年7月23日号）

マスター

本当に本当のところ、誰に対して使うべきかよく分からない汎用性のあり過ぎる「マスター」という言葉だが、僕がはじめて認識したのは小学一年生の時だ。

謎多き「マスター」は近所の床屋にいた。小太りで、ちょび髭を生やし、インチキ臭く、極太の金のネックレスをした男。基本的には、マスターは店の奥のどこかにいて、理髪の最終段階にならないと姿を現さない。

店にいる数人の理髪師の誰もが、仕上げの最終段階になると「マスターお願いします」と彼を呼ぶ。すると店の奥から金のネックレスを揺らしたインチキ臭いメキシコ人のような男が静かに出てきて、もうほとんど適当なのではないかというぐらいチョ

キチョキと理髪の仕上げをする。まるで何を考えているのか分からないが、気難しそうな顔で、そもそも客の注文を聞きもせず、チョキチョキ勝手に切る。それが終わると、何も言わずにまた店の奥へと消えていく。時には小さな洋犬を抱えながら切ったりもする。

幼い頃僕は神社で転倒したことがあり、その時の傷が小さなハゲとなって今でも左のこめかみに残っている。これはずっとコンプレックスだったのだが、いつもマスターは仕上げの段に現れて、頼んでもいないのに僕のハゲがしっかりと露出するまで切った。「こめかみにハゲがあるので切り過ぎないでください」などと、自意識がぐんぐん発達している最中の小学一年生の少年に言えるわけがない。

よって「先発の」理髪師に髪を切られている最中も、頭を傾けたり振ったりしながら、しきりに「ハゲが出るまでは切らないで！」という無言のアピールをしていたのだ。大抵は、そこまではセーフだった。多分皆、気を遣ってくれていたのだろうと思う（当たり前だ）。

それでも、「マスターお願いします」と呼ばれて出てくるメキシコ人のような彼は、確実に、無情に僕の「こめかみの部分」を攻めてきた。毎回、確実に、完全に明らかにハゲを露出させた。そうしないと気が済まない、とでも言わんばかりに。理由など当時は分からなかったし、今でも分からない。コンプレックスは、隠すより曝《さら》け出したほうがいいという主義や人生観でもあったのだろうか。それともただの嫌がらせだったのか。

大人になってから、つまり「こめかみにハゲがあるので切り過ぎないでください」と苦もなく言えるようになってから、僕はかの床屋を再訪したことがある。マスターと話がしてみたかったのだ。話題は何だってよかった。ちょび髭のこと、洋犬のこと、極太ネックレスと僕のコンプレックスのこと。いつの間にか僕は彼への人間的興味を強く抱いていたのだ。声さえ聞いたことのない彼は、一体何者なのか。

しかしながら、いつになってもマスターは現れなかった。なんでも肝臓を悪くして、少し前に亡くなったのだそうだ。

僕はだから、無邪気にマスターという言葉が乱用される世界に少し困惑している。僕にとってのマスターとは、人生に特別な関与をしてくる人のことを指す。

（連載第20回　2018年9月24日号）

ミンヘイ

初めて行ったベルリン国際映画祭でミンヘイ君という香港人の青年に出会った。当時僕は二十代の半ばで、彼は少し年上だった。

雪に包まれたベルリンの街でたくさんの映画人たちと交流したのだが、ミンヘイ君は確か映画祭ボランティアの友達の友達、みたいなほとんど無関係の人だった。どうやって彼と知り合ったのかもよく覚えていないが、かっこいい欧州風の自転車に乗っていつもニコニコしていたのは覚えている。彼とはなぜか馬が合い、なぜか今でも友達なのだ。

彼はその後、自転車での世界一周を果たし、アメリカ人の伴侶を得て、彼女と共に今でも世界中を旅しながらドキュメンタリー映像などを撮っている。たまにメールをすると「今はバルセロナにいる」とか「シベリアにいる」とか、まるでどこにいるのか分からない神出鬼没の人なのだ。それでいて彼は、とてつもなく優しい。

昨年の春に香港国際映画祭に参加したのだが、たまたまミンヘイ君が母国である香港にいるというので会いに行った。彼の仮住まいの家は坪洲《ペンチャウ》という小さな離島にあ

った。

自動車が一台も走っていないのどかな島。彼の家は石造りのアパートの一室で、びっくりするほど物がなかった。「どうせまた旅に出るから」だという。「子どもを作って定住しないのか」と問うと「世界には人間が多すぎるから、作らないほうがいい」と本当かどうか分からない返答をした。彼は、愛する人とビデオカメラとWi-Fiさえあれば人生はすこぶる楽しいのだと言う。

猫が一匹ふらふらと部屋に入ってきた。ミンヘイ君が自転車で世界一周している時、中国のどこかで拾ってきた猫らしい。「いくつもの国境を猫と共に通過するのは難儀ではなかったのか」と問うと、返事の代わりにミンヘイ君が一枚の写真を見せてくれた。中央アジアの乾いた山岳地帯で、自転車を漕ぐミンヘイ君の頭の上に小さな猫が座っている写真だった。世界一周は猫の意志によってなされている、と誤解してしまうほど、堂々とミンヘイ君の頭上に鎮座している猫。奇跡のような一枚だった。

「猫も次の旅に連れて行くのか」と問うと、「猫は親戚に預ける」とのことだった。愛する人とビデオカメラとWi-Fiより、旅で出会った奇跡の猫は重要ではないらしい。

「ミンヘイ、君の自由な生き方が羨ましいよ」

僕の本心を最も適切な言葉に換えて彼に伝えた。するとミンヘイ君は、真顔でこう言い返した。

「それならお前も自由に生きろよ」

ドキリとした。これまで自分の人生を瑣末なものに成り下げてきたくだらない言い訳の数々が全てフラッシュバックしたような気分になり、もはや言葉が出なくなった。

そして僕は、かつてはきちんと信じていた当たり前の原則をようやく思い出したのだ。本来、人生は何でもアリだ、というその原則。

ほとんどの場合、自分で勝手に人生を制限し、好んで息苦しくさせているだけだ。Wi-Fiが必要かどうかは分からないが、ミンヘイ君のような底抜けの明るさと勇気はきっと人生に必要だと、僕は一応ちゃんと知っている。

（連載第22回　２０１８年10月8日号）

ネパールの男

十九歳の時、映画学生だった僕はいくつかの外国を旅した。自分は一体どんな映画を作ればいいのか、当時大いに悩んでいたから、知らないことが知りたかったし、命が脅かされるような強烈な刺激を求めていた。

つまり、ただ若かったのだ。

ネパールのカトマンズで泊まった安宿には、特異な客引きの男がいた。三十代半ばで、ボロボロのサングラスをかけ、犬を蹴飛ばし、幼い弟を怒鳴りつけ、つまりは弱い者をいじめて自らの優位性を示し、粋がり、その代わり自分の雇い主である宿の主人には異常なほどへりくだる背の低い男だった。

どこで覚えたのか、彼は簡単な日本語と韓国語を話したし、英語は特に上手かった。外国人の客を取り込むため、独学で学んだのだろう。生きるための語学だ。

夜は、いつも蹴飛ばしている犬と幼い弟と共に宿の玄関で一緒に寝る。地べたに毛布一枚、二人と一匹で並んで寝ていた。ボロボロのサングラスだけが彼の虚栄心を満たしているものの、それだってきっとどこかで拾ってきたか盗んできたものだろう。

彼は、明らかに貧しかった。

「俺はこんなところでは終わらない」

既にボロボロになった野心の残骸が彼の中にまだ残っているから、客引きをしている時も笑っているようで、実は目の奥は決して笑っていない。

ある日の散歩の途中、宿から少し離れた目抜き通りで客引きをする彼を見かけた。ある西洋人旅行客に嘘臭い笑顔で話しかけていた。見事なまでにへりくだっていた。歯牙にもかけない客に対して、彼の笑顔はどんどん大きく、つまりはどんどん嘘臭くなっていった。結局、客は彼を振り切って行ってしまった。客引きにとってはそんなこと日常茶飯事のはずだが、一人取り残された彼はその場にしゃがみ込み、頭を抱え込んでしまった。胸ポケットからシケモクを出し、疲れきった指で何とか小さな火をつけた。

僕は彼に近づいて声をかけた。すると彼は「ビールが飲みたい。おごってくれ」と言い出した。「いやだ」と断ると、彼はあろうことか何度も何度も地面を足で力強く踏みつけ始めた。人生で初めて目の当たりにしたのだが、それは地団駄というやつだった。とどまるところを知らない彼は、あろうことか涙を流し、絶叫し始めた。

僕は俄《にわ》かに眼前の光景を信じられなかったのだが、三十代半ばの彼は人が大勢行き交う目抜き通りで、背中を地面にこすりつけ、あたりを転がり回り、幼い子どものようにゴネ倒した。「お前は日本人でカネを持っているはずだ！　それなのに何でビールをおごってくれないんだ！」と、十九歳の僕に向かって大声で泣き叫んだ。それは達者な英語だった。

彼は目抜き通りの真ん中で、恐らく人間の本質というものを完全に、見事なまでに晒し切ったのだ。その光景は、言葉にならぬ程に圧巻だった。彼の醜悪な絶叫がカトマンズの深い青の空に溶け合いながら、同時に僕は、みっともない人間の凄まじい愛おしさをそこに見つけた。

その時、「彼のような」映画を作ることに決めた。

僕の人生を大きく変えた彼の名は、ついぞ聞かずじまいだった。つまり、あれは僕の中で起こった名のなき変革だった。

（連載第23回　２０１８年10月15日号）

中洋折衷

十九歳の夏、中国を放浪していた。最初に訪れた上海のデカさとパワーに圧倒されたまま、次なる目的地を雲南省に設定した。静かなる田舎の中国というものを見てみたくなったのだ。

上海から雲南省の省都である昆明《クンミン》まで、遅延に遅延を重ねた寝台列車で二日間かけて行き、そこからバスでさらに数時間、どんどこ西に進んで大理《ダーリー》という小さな町にたどり着いた。

二〇〇二年当時、大理の物価は凄まじく安かった。確か宿は一泊百円ぐらいだったし、三十円も出せば腹いっぱいご飯が食べられた。ただし宿はドミトリールームというやつで、いわば貧乏旅行者の相部屋である。ついでにベッドのシーツには南京虫がウジャウジャ棲みついている。

同じ宿の一番奥のシングルルームにもう一人、何十年も棲みついているという（こちらは人間の）爺さんがいた。ターバンのような布を頭にぐるぐる巻いていて、へんなサングラスで傷の入った顔を隠している、まるで漫画のような風体で、誰がどう見

基督教禮拜堂

ても堅気ではない。

彼はまさかの日本人だった。本当にイヤだったのだが、宿の主人が同じ日本人だからという理由で僕と爺さんを引き合わせた。爺さんはしゃがれた声で、まず僕に威圧的に言った。「お前、大理に大麻をやりに来ただろ」と。違うと答えると、「久しぶりに骨のある若造が来た」と爺さんが呟いた。納得はできなかったが、彼に言わせれば大麻をやりに来ていない若者はイコール骨のある若造なのだ。

七十歳ぐらいだろうか。本当に謎の爺さんなのだ。「お前の仕事は何だ」と聞かれたので、「映画を勉強している学生です」と答えた。

爺さん、なぜかニヤッと笑った。

よし、お前にひとつ問題を出そう、これに答えられないようなら映画など作る資格がない、と。爺さんは地図を描き、ここに行って何を思ったか後で教えろと言って、自室に消えた。

他にやることもなかったので、僕は地図どおりに歩いてみようと思った。

着いた先は、キリスト教の教会だった。悲しい雰囲気が漂う古くてボロボロの建物。だからと言って何をするわけでもなく、そこで出会った貧しい信者と話したり、遊んだりして帰った。

夜、僕を待ち構えていた爺さんに「悲しいムードがあった」と伝えると、爺さんは激怒した。そんなことは聞いていない、あれは中国と西洋の建築様式の融合で、言ってみれば中洋折衷なのだと。そんなことも分からない奴が映画を撮っても無駄だと言い放った。

後で分かったのだが、爺さんは元建築士だった。それはズルい、と思った。

ただし今となっては、あの爺さんが正しかったと痛感している。最近は好んでキリスト教圏の文化や考え方を学んでいるのだが、たとえば日本の先人たちがそれをどう受け入れ、どう拒絶したか。そこに探りを入れることで、きっと現代の日本人の実相がぼんやりと見えてくるはずなのだ。目下の個人的研究課題のひとつだ。そういう目でもう一度あの中洋折衷の教会を見れば、何か面白い発見があるかもしれない。

もしあの爺さんがまだ同じ宿に棲みついているのだとしたら、また会いに行ってみたいと思っている。でも「中国の経済発展にとって特に必要はありません」という理由で、あの教会とベッドの南京虫と共に、ほとんど排除されるような形で消えてなくなってしまったのではないか。

ぼんやりと、そう悲観的に想像している。

（連載第28回　２０１８年11月19日号）

完成後

先日、映画が完成した。それまで張りつめていたものが一気になくなり、もはや虚脱状態である。

映画を作り終えるたびにいつもこうなるのだ。極端な言い方をすれば、映画を一本作り終えると一度死ぬ。そういう感覚がある。一本の映画のために激烈に生きて、死ぬ。ただ単に切り替えが下手なのかもしれないが。

これまでもそうだった。飲んだくれることもあれば釣り堀に一ヵ月間通い続けることもあった。つまり、釣られた鯉の悲しそうな目を見て「お互い頑張ろうぜ」と呟いてしまうほどに心がボロボロになるということだ。

今回も例に違わない。なるべく早く次の脚本を書かなくてはならないのだが、どうにもやる気が起きない。心は既に燃え尽きている。だから散歩したり、公園のベンチ

に座ったり、日がな一日抜け殻のように過ごしている。

近所の公園では、大勢のお爺さんやお婆さんがよくゲートボールをしている。ずっと見ていたら、（僕と同じように）暇なお爺さんがルールを教えてくれた。

地面が砂利でボコボコだからプレーするのはきっと難しいはずだ。お爺さんもお婆さんも、人生の難しさを再確認するかの如くプレーしている。

「こんなもんか」

「やっぱりな」

「イヤになっちまう」

ボールを打っては、彼らは自嘲的にそう呟く。その小さな嘆きもひっくるめて「一打」なのだ。人生の大先輩方のそんな呟きには、重い実感と含羞《がんしゅう》が伴っている。彼らは、彼らの人生をゲートボールにきっと重ね合わせている。そんなことを想像して涙が出そうになるほどに僕の心はナイーヴになっている。

八十歳ぐらいの好々爺がボールを打った時だった。それまでニコニコしていた彼が、転がるボールの行方を見守っている最中に、突然叫んだ。

「曲がれ！」

周囲のあらゆる人声や環境音が、その叫びにショックを受けたように一瞬で静まり返り、僕の胸は急に高鳴った。

地球上の全ての現象の動きが止まったかのようだった。静寂が支配する中、好々爺はさらに祈るように大声で叫んだ。「入ってくれ！」と。

だが、彼の願いが叶うことはなかった。ボールが奇跡のように曲がることはついぞなかった。ボールが虚しく静止し、周囲の環境音が次第に回復して元通りになり、日常が戻った後、彼はただ気恥ずかしそうに苦笑を浮かべただけだった。周りのプレーヤーたちも、好々爺の突然の叫びなどあたかも存在しなかったかのように自然と振舞った。

それでも、僕は確かに見たのだ。好々爺の柔和な笑みに隠れた彼の熱い本音を。ボコボコの地面だからこそ奇跡が起きるかもしれない。彼はその小さな可能性に賭けて、全力で叫んだ。

つまり、彼はまだ人生に期待している。そういうことだろうと思う。

僕の心が静かに震えた。彼が人生に期待することに理由などないし、僕が感動することにも理由はない。

ただ、明日も頑張ってみようという理由のない元気が、少しだけ湧いたのだ。

（連載第29回　２０１８年11月26日号）

整体

二十五歳の時、人生初の整体を受けたら、空さえも飛べるのではないかと思うほど全身が軽くなった。それからもうほとんどクセになってしまい、定期的に整体を受けないとダメな体になってしまった。

ちなみに空を飛べそうになったのは最初の一回だけで、それ以降は数時間ちょっと楽になる程度なのだが、何しろ肩や首が慢性的に痛み、定期的にほぐさないとめまいがしたり、気分が悪くなってくる。

整体に行って最も気持ちのいい瞬間は、整体師に言われる最初の一言だ。「いや～凝ってますね」だ。それまで自分ひとりで抱えていた苦痛をようやく理解してくれる他者に出会えた。そう思うと無性に嬉しくなるのだ。救われた気分にさえなる。

それこそが、患者にとって最大の癒しとなる。というか、施術は二の次だ。「こんな大変な肩凝りを抱えて、よく頑張っていましたね」と、ほんの少し理解してくれるだけで救われる。整体とは、言わば孤独の治癒だ。

だから無言のまませっせとグリグリされても、全然気持ちよくない。「ひょっとしたら人類で一番凝ってるんじゃないですか」とかなんとか、それぐらいオーバーに言ってほしいのだ。

そういう意味での最高の一言に、先日大阪で出合ってしまった。明らかに超ベテランのガリガリなお婆さんは、僕の肩甲骨に触れた途端、「これはアカン」と嘆くように呟いた。そして彼女は天井を仰ぎ見て、やがて重い口を開いた。

「これは、私らの先輩たちが語り草のように言っていた、伝説の凝りやわ」と。

これ以上の完璧な台詞が他にあるだろうか。

お婆さんのその後の話を要約してみよう。かつての日本では、歴史に残るような人物に限って特殊な「凝り」を持っていて、按摩界の中で伝説になっていたようなのだ。そういう凝りは現代では既に存在しないとされていたし、またそれを治せる整体師ももはや存命ではない。だからお婆さんは僕の肩甲骨に触れた瞬間、かつての伝説を思い出したのだ。

結局お婆さんは「無理」と言ったきり、施術を完全に諦め伝説の話をしただけで仕事を終えたのだが、僕はそれだけで満足だった。

伝説の凝りの持ち主。

正直意味はよく分からないが、このことを時々思い出しては、僕は心の中でほくそ笑んでいる。

（2019年3月4日　未掲載）

幼かった頃の思い出

母と死神

僕の母親は三十七歳で死んだ。ガンだった。

自身の余命を悟った母は最期の入院前、僕と兄貴を色々なところへ連れて行った。当時僕は七歳で小学一年生。だから小学校を毎日ズル休みして、半ば無理矢理連れ出されたのだ。毎日毎日、母は何も言わずに僕たちを後楽園や上野の動物園、博物館へ連れて行った。二日連続で上野動物園へ行ったこともある。いや、そのような記憶がある。三十年近くも前のことだ。そうだったかもしれないし、そうではなかったかもしれない。

ああ母よ、すまない。あなたがそんなことをしたのはもちろん、僕と兄貴に「記憶」を刷り込ませようとしたからだ。自分の記憶を、母親との楽しい思い出を。自分の存在を忘れないでほしいという一心で。

それなのに僕は、少しずつ忘れていく。

あれから永い時が経ち、僕は三十四歳になった。いわゆるちょっとしたオジサンであり、次第に死んだ母の年齢に近づいている。今のところ人間ドックへ行ってもこれといった異常は見当たらないが、唯一、脳の海馬が若干萎縮しているらしい。海馬とは記憶を司る器官だ。ああ母よ、なんという皮肉だろう。

それでも、僕の海馬の中にはまだあの頃の母との思い出が残っている。

埼玉県の浦和に住んでいた。毎日いろいろなところへ行き、遊び疲れた僕たちは夜、浦和駅に帰ってくる。そして家路に就くべくタクシーに乗ったのだ。

ああ、どうやら本当に僕の海馬は萎縮しているようだ。記憶が混濁している。あれは確か十回、いや十五回だ、連続で同じタクシー運転手に当たったことがある。母もそんな偶然に驚いていたし、運転手のオジサンも驚いた「ような」顔をしていた。

それから間もなく、病院にていよいよ母の心拍が止まり、つまりは死んだ時、まだ幼かった僕はただただ困惑した。生まれてはじめて見たので、すぐに死というものを

理解することはできなかったが、母がなぜ死んだのかはすぐに分かった。

「あのタクシー運転手のせいだ」

そう確信した。あいつは、きっと死神だったんだ。

真実は分からない。彼が死神だったのか、いわゆるただのちょっとしたオジサンだったのか。いずれにしても僕は少しずつ記憶を失っていき、少しずつ都合のいいように記憶を作り変えていく。ただそれだけだ。

今ここにいるのは、「僕」などという確かな存在では決してなくて、僕の記憶でしかない。僕の記憶が誰かと話し、僕の記憶が仕事をする。人間なんて、その程度の不確かなものだろう。

母は優しい人だった。それだけはいつまでも忘れない。そのつもりで生きて、きっと、いつか必ず忘れていく。


（連載第5回　2018年6月4日号）

お婆ちゃんとハンバーガー

僕は正真正銘のお婆ちゃん子だ。幼少期に母が死んだので、祖父母に育てられた。だから「お婆ちゃんにわりと懐いています」というようなレベルではない、そんな次元をはるかに超越した凄まじいお婆ちゃん子なのである。

今年で九十一になったお婆ちゃんが先日ポロリと「ハンバーガーが食べたい」と言い出したので、それなら買いに行こうかと提案した。するとお婆ちゃん、今度は「ハンバーガーは食べたくない」とあべこべなことを言う。どういうわけだ、おかしいではないか。理由を聞いたところ、お婆ちゃんは恥ずかしそうに説明を始めた。要約するとこうだ。

元々ハンバーガーが好きなお婆ちゃんがかつて某ハンバーガーショップに行った時、レジで店員さんに「ハンバーガーを三人前ください」と言ったら笑われた。それが恥ずかしくて、もう行けない……。

だそうだ。意味はお分かりだろうか。「ハンバーガーを三個」と言うところを「三人前」と言ってしまっただけで店員に笑われて、僕の大好きなお婆ちゃんがトラウマを抱えてしまった、つまりはこういうワケだ。

こんなに酷い話があっていいのだろうか。

お婆ちゃん子としては当然黙っていられない。しかも、お婆ちゃんは哀しそうに悔しそうに、こう続けた。

「笑ったのは一人だけじゃない。その場にいた全員が笑い、さらに厨房のほうからも笑い声が聞こえた」

容易に画が浮かぶ状況描写だが、その光景は地獄絵図さながらだ。居ても立ってもいられない。

「分かった、では俺がハンバーガーを買いに行く」

「でもハンバーガーは怖い……」

「大丈夫、今度は俺があえて『三人前ください』って言ってやる」

「ダメ……。『前』と言ってはダメ……」

「店員さんに笑われたら抗議してやる。だからハンバーガーを食べよう」

「怖くて食べられない」

祖母と姪っ子／撮影＝兄

「大体『三人前』と言っただけで笑うほうがどうかしてる」

「いや、私が悪い。だってハンバーガー一個は、確実に一人前だから」

「そうだよ、だから笑うほうがおかしい」

「怖い……」

「クソ、誰だうちの婆さんをこんな目に遭わせたのは。震えてるじゃないか！」

「でも……」

「何だ」

「ハンバーガーが食べたい」

女心というやつは、いつまでもいつまでも難しいのだ。


（連載第6回　2018年6月11日号）

左ひじの手術痕

僕の左ひじには大きな手術痕がある。これまでずっと怪我に悩まされてきた歴戦のサウスポー投手みたいで、なかなかカッコイイ。

しかもこの手術痕、酒に酔ってくると赤く変色し、僕に帰宅を促すサインにもなるという優れものだ。皆に左ひじを見せ、「こういうことなんで、そろそろ帰ります」と酒席を中座するなんて、やっぱりなかなかカッコイイ。

この手術痕、今ではかなり気に入っているのだが、当然かなりひどい事故で刻み込まれたものだ。

幼稚園の時だった。ジャングルジムから落ちて複雑骨折し、全身麻酔を伴う大掛かりな手術を受けた。事故の原因は同い年のTという幼なじみに突き落とされた。……いや、あるいは自分で落ちたのか。その日のことは鮮明に覚えているのに、肝心の落下前後の数秒間の記憶が抜け落ちている。Tに突き落とされたのか、あるいは自分の不注意で落ちたのか。思い出そうと努めたが、手術後の入院中、母から「どっちでもいい」と言われたので、無理に記憶を掘り起こす作業をやめたし、いずれにしてもTを責めないと心に決めた。

Tとはその後、中学まで同じ学校だった。彼はいったん転校したが、一年ほど経ってから名字を変えて戻ってきた。つまり、彼には家庭の事情がいろいろあったのだ。

十九歳の時、僕は一ヵ月ほどインドを放浪していた。カネも尽きてボロボロになって帰国すると、友人から留守番電話が残されていた。

「Tが死んだ」というものだった。

ショックだった。まだ十九歳、急性の白血病だったらしい。僕がインドをお気楽に旅している一ヵ月の間で、Tは突然体調不良を訴え、何気なく病院へ行き、衝撃的な告知をされ、すぐに死に、焼かれ、全てが終わったのだ。

インドから帰ってしばらく、Tのことが頭から離れなかった。病院のベッドの上でTは、寂しかっただろうし、悔しかっただろう、なぜ自分が白血病にならなければいけないのか、呪ったことだろう。死ぬことが怖かっただろう、そしてもしかしたら、苦悩の果てに僕の左ひじの一件を少しは思い出したかもしれない。

あれから十五年が経った。先日、当時の同級生にTの話をしてみたところ「そういえばそんな奴、いたよなぁ」という素っ気ない返事だった。

Tよ、その時、僕は心に決めたのだ。ジャングルジムの上から僕を突き落としたのは、君だ。絶対に、君だ。僕の左ひじの痕は、君が遺したものだ。酒に酔って手術痕が変色するたびに君を思い出すことに僕は決めたのだ。

Tよ、それでいいだろう。事実はもはやひとつしかない。君は僕の一部だ。

（連載第11回　2018年7月16日号）

柴犬

柴犬が好きだ。ちょっと困ったようで、哀しそうな瞳、頭の悪そうな表情や仕草、全部が好きだ。

それもそのはず、子どもの頃に僕はムックという名の柴犬を飼っていたからだ。ムックにはやや特殊な精神的傾向があって、餌を出すと喜んでお礼してくる（ように見える）くせに、いったん出した餌に僕が再び触ろうとすると激しく唸《うな》って威嚇してくる。餌を奪われると勘違いするのだろう。だが、「餌をくれてありがとうございます」と言って喜んでいたのはほんのわずか数秒前である。それなのに一瞬にして激昂し、「餌に触ってみろ。お前を絶対に殺してやる」と威嚇するのだ。やはり、特殊な精神的傾向があったと言わざるを得ない。

小学生の時、僕は競馬のジョッキーになりたいと思っていた。近所に馬はいないが、どうしても一度馬に乗ってみたい。あ、そうだ、ひょっとしたらあいつに乗れるかもしれないと僕はふと授業中に思ったのだ。

胸を躍らせながら急いで帰宅し、犬小屋に近づく。「ムック……」、そう呼びかけた時のムックの瞳は、ちょっと困ったようで、哀しそうだった。それがただ単に柴犬特有の顔だったからか、「こいつに乗られる」と本能的に察知したのか、理由は僕には分からない。その日は近所の森を一緒に走っただけで、もちろん乗ってはいない。そもそも小学生は柴犬に乗れない(はずだ)。

ムックは長生きだった。十六歳で老衰で死んだのだが、最期の時、僕が撫でるとムックは老いて弱りきった体を一生懸命起こそうとして、尻尾を振った。やはり特殊だと思った。今にも死ぬというのに、「一緒に遊ぼう!」と懇願してくるのだ。足の踏ん張りが利かず、よろける。でも必死に尻尾を振る。これから死ぬのに遊ぼうとする、その圧倒的な矛盾に気がつくことなく精一杯僕に向かって叫んだ彼を、たまらなく愛おしく感じた。

今でも街で柴犬を見かけるたびにムックを思い出す。最近気がついたのだが柴犬は後姿もどこか馬鹿っぽい。困り顔、生粋の家来気質。やはり、僕は柴犬の全てが好き

なのだ。

長らくペットを飼えない家に住んでいるので、その寂しさを埋め合わせるために最近はよく馬面の後輩と出かける。本当は犬がいいのだが、彼は馬面の、もちろん人間だ。売れていないが一応モデルをやっているらしい。彼は身長が二メートルほどある。瞳は柴犬に似て、ちょっと困ったようで哀しそう。首輪は要らない。家来気質だが、酒を大量に飲む。特に高価なウィスキーを好んで飲む。吠えない。話がまるで面白くない。貯金が五万円しかない。一切飲み代を払わない。そして、やはり乗れない。

近いうちに柴犬を飼いたいと思っている。


（連載第14回　２０１８年８月６日号）

西武ライオンズ

小学校一年生まで、熱狂的な西武ライオンズファンだった。当然夢はプロ野球選手になってライオンズに入ることだったし、当然当時のライオンズの選手の名前は全員知っていたし、当然選手の出身地や身長まですべて暗記していた。森祇晶《まさあき》監督が指揮を執っていた頃の言わずと知れた西武黄金時代であった。

埼玉県に住んでいたのになぜかテレビ埼玉の映りが悪く、誕生日プレゼントでテレビチューナーを買ってもらい、毎日齧《かじ》りつくようにテレビで観戦したものだ。おそらく当時の学校のノートには、びっしりと野球の絵が描かれているはずだ。自分の誕生日である「21」を背番号にして活躍するライオンズの選手、それはまさしく将来の自分自身の姿だった。どうしてもライオンズに入りたくて、ドラフトで違うチームから指名が来たらどうしようと、六歳の少年は既に大いに心配していた。元木大介さんが巨人に入りたいがために福岡ダイエーホークスからの指名を断った時は、「そんな抜け道があるのか」と感心したものだ。「よし、俺も同じ手でいこう」と心に決めたのだ。

ある日、父親が西武戦のチケットを貰ってきた。ちびりそうな程嬉しく、僕は跳び上がった。そうして父と兄とで人生初の西武球場に行ったのだ。たとえば観客席に石が落ちていて、それを拾って投げるのを球団関係者が見ていて、「君は筋がいいね」などとスカウトされたらどうしようとか、そういう馬鹿げた妄想をする程に僕は舞い

整体

上がっていた。

応援などしない。ライオンズの選手たちの一挙手一投足を見逃したくなかった。一塁側スタンドで僕はじっと試合を見つめていた。

不動の二番打者にしてスイッチヒッターの平野謙選手がバットを振った時だ。ファールチップが一塁側に飛んできた。どうやら僕のほうに飛んでくる。白球がぐんぐん迫ってくる。

その瞬間、理由は不明だが、僕は何もしないことに決めた。大好きな平野選手のファールに当たって死ぬなら本望だ、とでも思ったのだろうか。とにかく何もせず、動かず、全てを受け入れようと決めた。

だが、何も起こらなかった。ボールは僕の膝にかすって当たり、黒い空に向かって大きく跳ね上がった。全てはスローモーションの世界だった。

何かが違うと、その時に悟った。僕の焦がれるような憧れは、きっと何かの間違いだったのだと直感的に思った。

試合後、混乱していた僕を置いて父と兄は人ごみに消えた。六歳の僕は泣きわめき、係りの人を呼んで「僕は迷子になりました」と申告した。ライオンズファンの群衆が泣きわめく僕を横目に、冷笑を浮かべて帰っていった。彼らの意地悪な顔を見ていて、僕は泣きながら、やっぱり何かが違うのだと確信した。

その日、野球選手になってライオンズに入るのはやめておこうと決めた。

（連載第24回　２０１８年10月22日号）

浦和レッズ

今となってはサポーターにとっての聖地とされる、浦和レッズのホームスタジアムである駒場競技場のすぐそばに住んでいた。小学四年生の頃の話である。

「レッズフェスタ」なる浦和レッズのファン感謝祭のような催しに、近所のサッカー少年たちが僕を含めて五十人集められた。なんでもプロのサッカー選手十一人と対戦するのだという。

こんなことを書くのは憚られるのだが、試合は本当に苦痛だった。見ているほうは楽しいのかもしれない。何のために戦っているのかまるで理解していない五十人のちびっ子が夢中で走り回っている光景は見世物としては面白いのだろう。だが、やっているほうは全然楽しくない。ボールなんか回ってこないし、走れば誰かにぶつかる。当時Jリーグで最下位に沈んでいたレッズの選手たちは、本来ゴールキーパーの選手がフォワードをやったり、ひょうきんな選手が実況パフォーマンスをやったりと、当然ながら遊び半分であった。

ミスターレッズと称される福田正博選手は大好きだったし、トリビソンノ選手のゴリゴリとしたプレースタイルも好きだった。それでもやはり、その試合は苦痛でしかなかったのだ。

二対二の同点で試合が終わる寸前だった。レッズの選手たちは、このまま引き分けで終えて仲良く帰ろう、みたいな雰囲気だった。なにせファン感謝祭なのだ。ちびっ子たちも半ばサービスしてもらって二点取れたし、帰って家族に自慢しよう、みたいな雰囲気だった。

その時だった。たまたまゴール前にいた僕のところに、なぜかボールがころころと転がってきたのだ。瞬間的に体が動いて、なんとなくボールを蹴ったのだが、なんとなくゴールに吸い込まれてしまった。十一人のプロサッカー選手と四十九人のちびっ子たちの顔が一瞬にして硬直し、青ざめたのを今でも覚えている。少なくとも僕には

そう見えた。多分、やってはいけなかったことを僕はしてしまったのだ。特に最下位に沈むチームに対しては……。引き分けで試合を終わらせるべきだったのに、僕の痛恨のミスのせいで、ちびっ子チームが勝ってしまったのだ。

試合後のロッカールームで記者にインタビューされたのだが、ただでさえ罪悪感を抱いていたのだから新聞なんかに載って悪目立ちするのは御免だったし、とりあえず僕は自分が小学四年生であることと、福田選手が好きだということ以外は何も言わなかった。

にもかかわらず、翌日の某スポーツ新聞にはこう書かれていた。「『僕がレッズに入って強くします』と決勝点を決めた石井君は大はしゃぎ」と。

学年も間違えて書かれていたし、当時は本当に恥ずかしい思いをしたものだ。

メディア・リテラシーの必要性というものを学んだ記念すべき日となった。

（連載第25回　2018年10月29日号）

少年ノート

少年は例外なく全員狂っている。僕はそう確信している。

中学時代の同級生は狂った連中ばかりだった。好きな女の子と目が合う度に、必ず彼女の足めがけてヘッドスライディングする者がいた。それをする理由など誰にも分からなかった。きっと彼本人にも分からなかったのだろうが、彼は何度も何度も意中の女子の足下にヘッドスライディングし続けた。

陰毛を切っては箱に入れ、「この箱が一杯になったら願いが叶う」と本気で言っていた者もいた。授業中に水槽の金魚を釣っていた者などマシなほうで、ノートに「大日本帝国万歳」とびっしり書き続けていた者もいた。もちろん嘘は書いていない、むしろ「AERA」に載せられる程度のことを選別しかなり忖度《そんたく》して書いている。

僕も例に違わず狂っていて、当時は自分を律し、制御するのがとても困難だった。特に十三歳から十八歳ぐらいの期間は壮絶で、まさに暗黒時代であった。当時はこう思ったものだ。「青春時代とは最低なもので、もし後年それを忘れ、青春時代が素晴らしかったなどと懐古し始めたら俺は人間として終わりだ」と。恐らく、いずれ忘却していくだろうという予感があったのだと思う。

そして、これほどまでに狂った頭の中身を後年の自分へ伝えようという気になった。こんなに狂っていて大変な思いをしているのだから、後年是非それを面白おかしく表現し、カネに換えてくれと。

だから現在僕の手元には、当時書き溜めたノートがどっさりと残されている。過去からの痛切なる願いを込めたタイムカプセルだ。大学ノートが数十冊、スケッチブックも二十冊以上ある。今となっては全く笑えないグロテスクな絵を描いていたり、詩のようなものもあれば、映画や小説のアイデアもある。

だが、残念ながら当然ほとんどのアイデアは使えない。「いつも鼻クソをほじっていて馬鹿にされていた少年が、大人になって恐るべきフィンガーテクニックを発揮する物語」なんて使えるわけがない。くだらなすぎるし、下ネタだ。「顔を赤で滅茶苦茶にペイントしたロックシンガーの話。なぜそんな顔にしているのかインタビュアーに訊かれたら彼はこう答える。彼女が死んだ時、ちょうどこんな感じだったんですと」、これも使えるわけがない。趣味が悪すぎる。

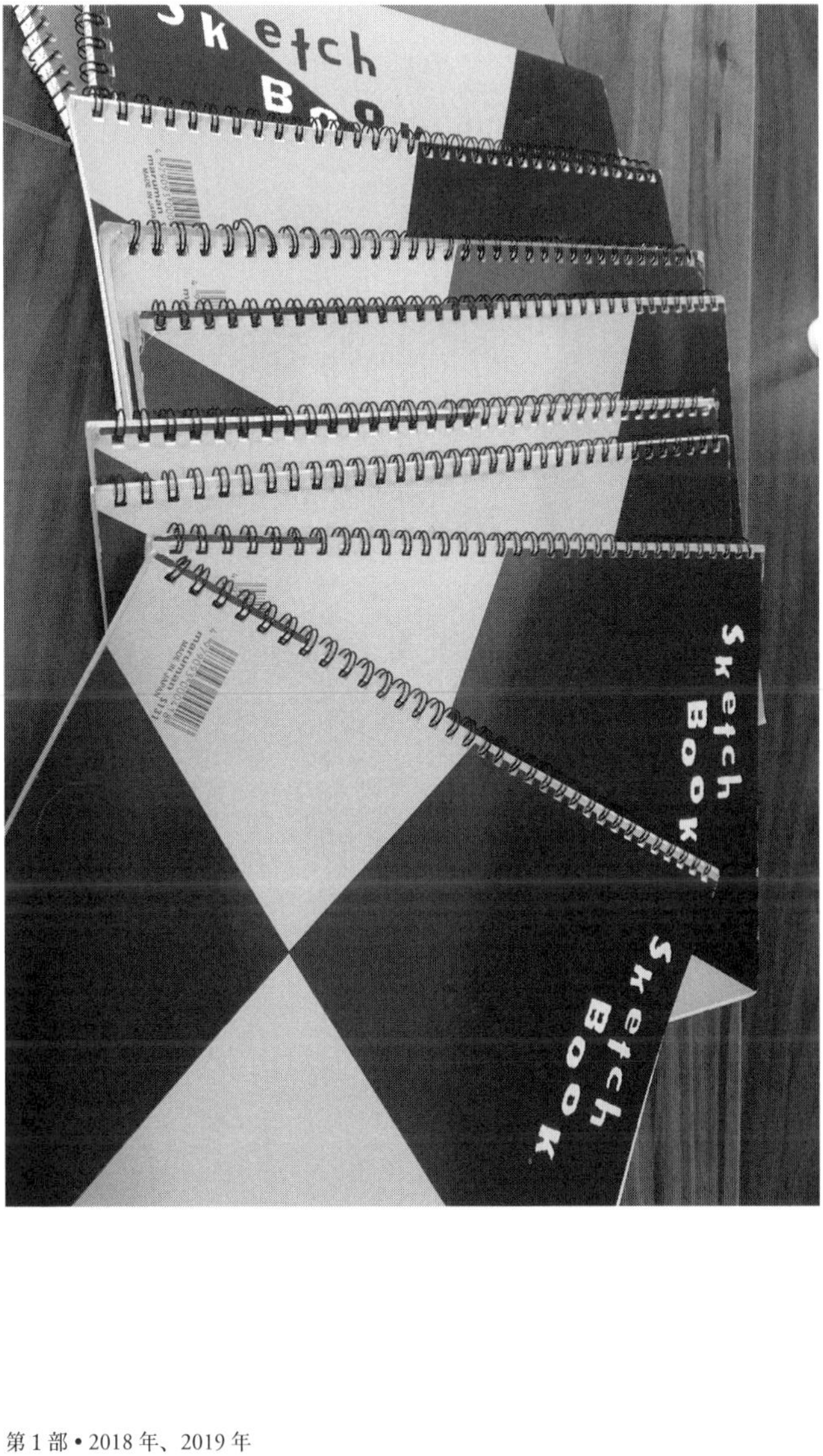
Sketch Book
Sketch Book

お前は常に寂しそうな奴だった

母親は離婚と再婚

姓を変えるという屈辱

俺の左腕に傷だけを残し

お前は早々に死んじまった

けっこう　コロッていっちまうもんだ

怖かっただろう

辛かっただろう

俺はお前に何も言ってやれない

15．2．25．

今の僕がもてる精一杯の希望 13.2.17

ヘビ泳ぐ

川

みんな泳ぐ

カメラ、川

フィルム複雑

ヘビ、色彩の記憶

ヘビ、体温を持たず

川、俺に話しかける

みんな、まるで兵士のよう

11/11

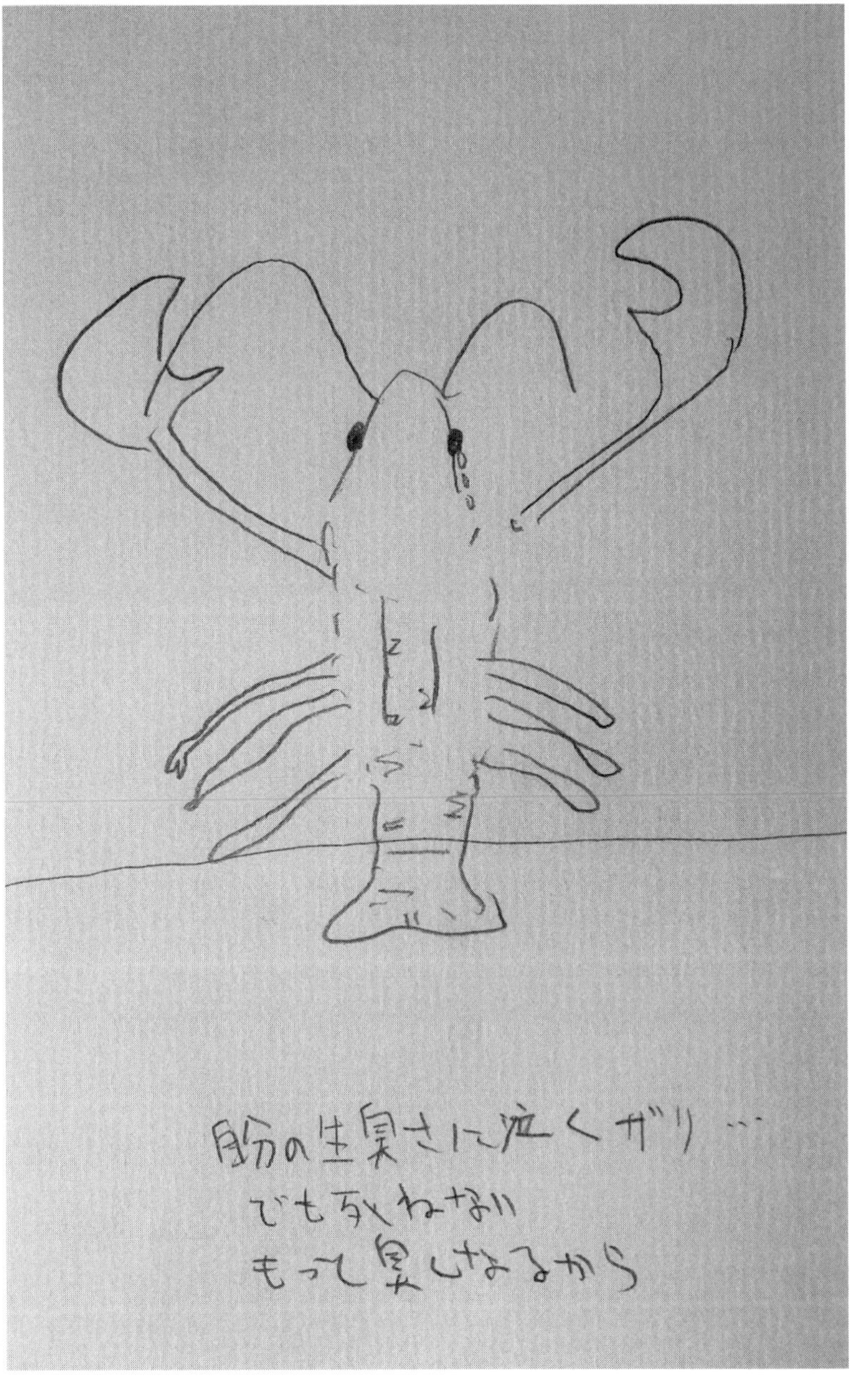
自分の生臭さに泣くザリ…
でも死ねない
もっと臭くなるから

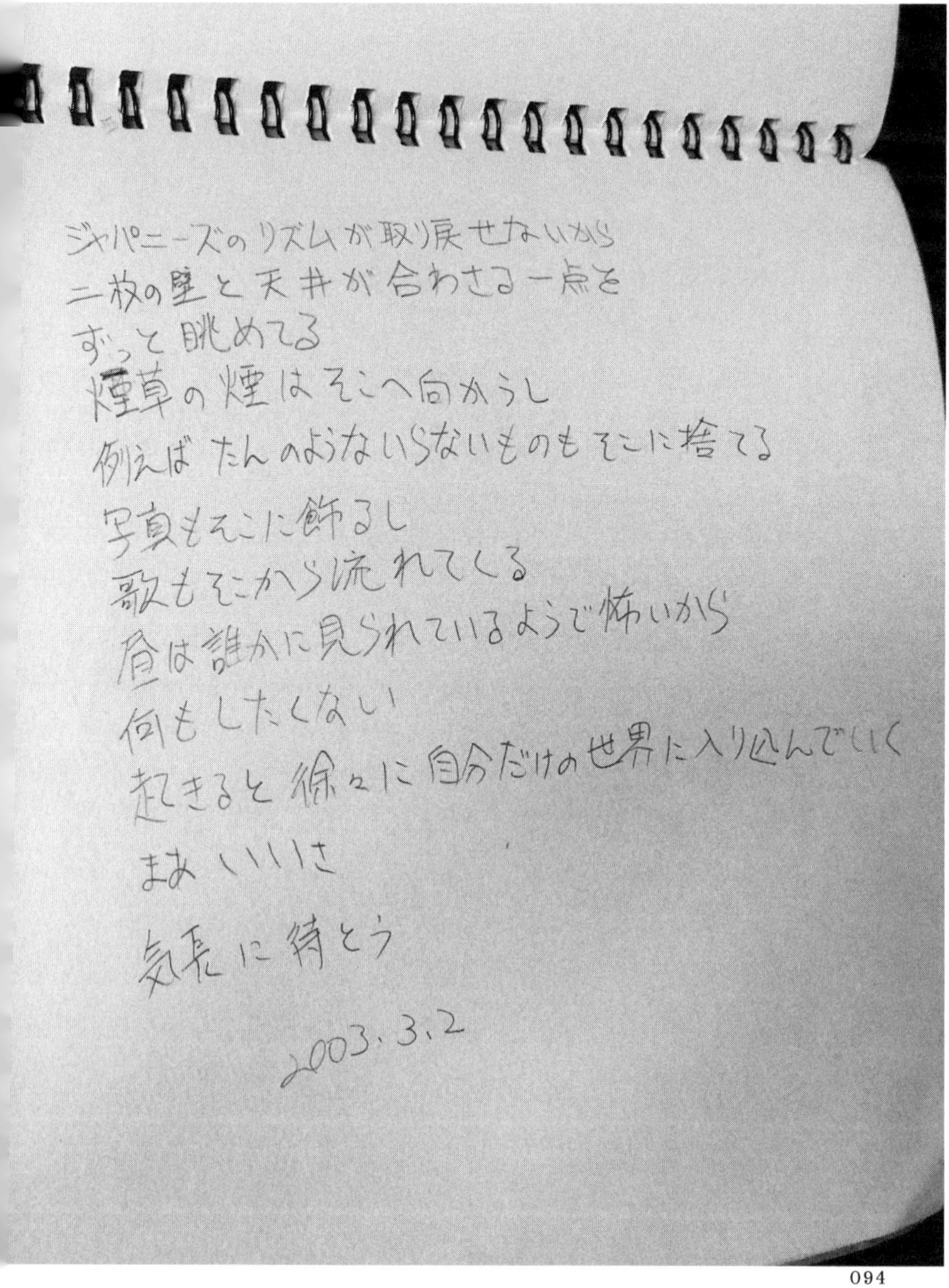
ジャパニーズのリズムが取り戻せないから
二枚の壁と天井が合わさる一点を
ずっと眺めてる
煙草の煙はそこへ向かうし
例えばたんのようないらないものもそこに捨てる
写真もそこに飾るし
歌もそこから流れてくる
昼は誰かに見られているようで怖いから
何もしたくない
起きると徐々に自分だけの世界に入り込んでいく
まあいいさ
気長に待とう
2003.3.2

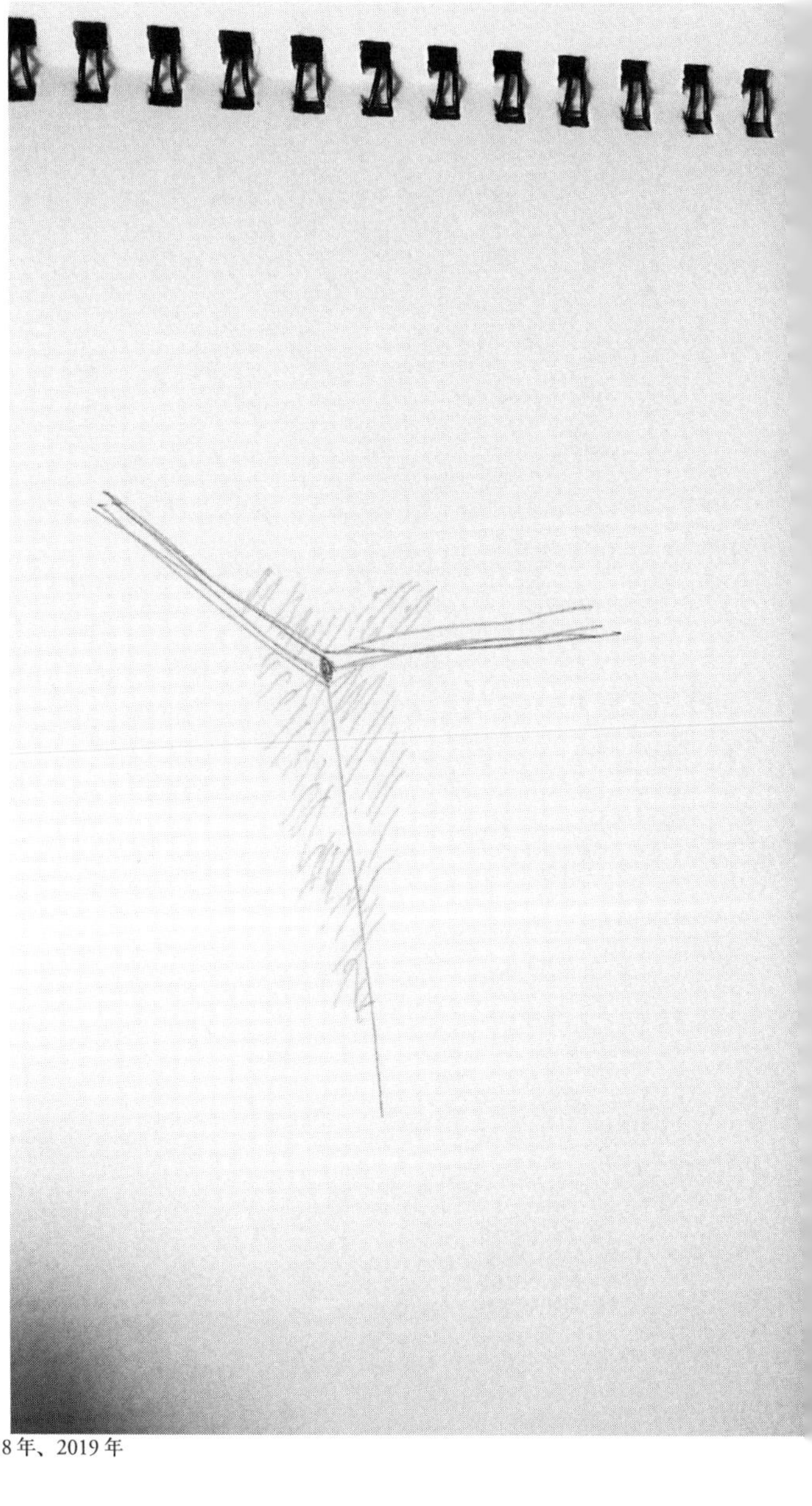

青春時代など、ただ恥ずかしいだけのものだ。多くの人はそれを忘れ、あろうことか記憶を改訂し美化し懐かしむ。

ただし、一方ではこんな疑問が頭から離れないのだ。好きな女の子めがけたヘッドスライディング以上に価値のあることを、大人になってからの僕たちは果たして見つけられただろうか。

ワックスで磨かれた床の上を異常なほど真っ直ぐに滑っていく彼の爛々とした目を、僕はよく覚えている。あの時の彼はきっと、人生の意味を寸分違わず知っていた。

滑稽なほど剝《む》き出しの状態で生きることに美しさが伴わないわけはない。

（連載第31回　2018年12月10日号）

五十円玉

間もなく人の親になる身として、やはり考えざるを得ないことがある。教育とは何か。

いやはや難しい問題だ。教育とは、そもそもからして厚かましいものだと僕は思う。正解などまるで分からないはずのこの世界で己の自負や人生観を他者に無理やり押し付けること。一言で教育を語るなら、それ以外に言いようがないだろう。少なくとも僕には、たとえ我が子にも自分の人生観を押しつける勇気を持てない。

なぜなら僕は正しい人間ではないという自覚があるからだ。

まだ僕の人生が始まって間もない四歳の時、幸先悪く、大きな過ちを犯してしまった。五十円玉を盗んだのだ。

偶然訪ねた友人Mの家には、何故かあらゆる硬貨がいくつも床に落ちていて、ある程度正直者だった僕はそれをいちいち拾ってMの母に渡していた。だがしかし、五十円玉が目に入った瞬間に葛藤が起こった。当時大流行していたビックリマンチョコが買える額の硬貨だったからだ。どれほどの逡巡《しゅんじゅん》があったのか今ではもう思い出せないが、結局、僕はそれを盗んでしまった。

翌日、罪悪感にかられた僕は幼稚園に五十円玉を持って行き、友人Mに近づいていった。まず真っ先に「ごめんね」とは言ったが、全然関係のない理由を捏造して、僕はひたすらMに実体のない謝罪を繰り返した。結局、盗みの事実を告白することはで

きなかったし、何より重要な五十円玉を返せなかった。真実を伝える小さな勇気よりも、愚かな自分を晒す羞恥心が勝ってしまったのだ。

以後、多分十歳ぐらいになるまで僕は毎日毎日警察に逮捕されると本気で信じ、恐怖におののいていた。これは比喩ではない。実際、近所でサイレンが鳴る度に押し入れに隠れた。自分は最低な犯罪者であるという強烈な罪悪感が六年以上ずっとずっと続いていたのだ。これはまだ幼い少年にとってほとんど悪夢だった。

ある日、父親が交通違反で切符を切られた。警官が僕たちの乗った車に近づいてきた時、もうおしまいだと思った。「お父さん、ごめんなさい。さようなら」と観念した。あの時の警官の不気味な顔は今でも忘れない。

僕が七歳の時、母が死んだ。祖母は僕の頭を撫で、「大丈夫、お母さんはいつでも天国からお前を見てるから」と慰めようとした。

勘弁してくれ、と僕は思った。母の死を悲しむよりも先に、僕は自分の罪悪がバレることを恐れた。天国からじゃ丸見えじゃねぇか、と絶望し、死んだ直後に息子の罪を知り、大きなショックを受けるであろう母の気持ちを想像し、いたたまれなくなった。

僕は、五十円玉を盗んだことで罪悪感に苦しんでいる少年の気持ちは知っている。だが、そんな少年にかけてやるべき言葉を大人の僕は知らない。

どうすれば人間が正しい道を歩むのか、そもそも正しいとは何なのか。考えれば考えるほど分からなくなるし、いずれにしても僕にはそれをもっともらしく他人に説く筋合いなど元々ない。

子どもに教えてあげられるのはひとつしかない、と思っている。まるで正しい人間ではない僕でも、経験として知っていることがある。

人生にはたまに信じられないぐらい素晴らしいことが起こる。たまにだが、起こる。基本的にはつらくて苦しいことばかりで酷い過ちをいくつもいくつも犯すが、たまには、驚くほど素晴らしいことが起こる。

それだけは、きっと教えてあげなくては、と思っている。

（連載第18回　2018年9月10日号）

QUEEN

初めて自分の小遣いで買ったCDはQUEENの「グレイテスト・ヒッツ」だ。

そういうことにしている。だが、本当は違うのだ。間違えてQUEENのトリビュートアルバムを買ってしまい、誰だか分からない人が歌う「キラー・クイーン」がむかついてむかついて、しまいには記念すべきCDを叩き割ってしまった。それはまあいい。

中学一年の時、同級生の岡ちゃんの家で聴いた「ボヘミアン・ラプソディ」に度肝を抜かれた。信じられないコーラスに驚愕《きょうがく》の曲展開、思い切りぶん殴られたような衝撃を受けた。ダメだ、このままではダメだ、サッカーとイタズラばかりしていてはダメだと悟った。

岡ちゃんのお父さんはロック好きで、特にビートルズフリークだった。ディランやドアーズも岡ちゃんの家で知った。岡ちゃんの家には、音楽も文学も煙草もおよそ少年に必要なものは何でも揃っていた。家の屋根は丈夫で広く、見晴らしも良かったの

でよくそこに上がって、寝転がって音楽を聴きながら本を読んだ。今でも僕の家の書棚にある純文学小説の何冊かは、かつては岡ちゃんのお父さんのものだったと思う。借りたのか、パクったのかはもう今となっては覚えていないが、とにかく大切に保管している。

夜遅くまで岡ちゃんの家で遊んでいると、たまに帰宅してきたお父さんと遭遇することがあった。彼は伏し目がちで寡黙だった。恐らく自室からいろいろなものが持ち出されていることに気づいていたとは思うが、小うるさい小言は何ひとつ言わなかった。「また煙草買いに行かなきゃ」とボヤくのが関の山だった。当時から現在に至るまで、岡ちゃんのお父さんには、心ひそかに感謝している。我が心の師であると言っても過言ではない。

小学校五年生の時は、ナンチャンの家でよく遊んだ。ナンチャンのお父さんはちょっと変わっていて、奥さんに見つかるのを恐れて所有していたエロ本を全て息子であるナンチャンの部屋に隠していたのだ。だから僕たちはいつでもエロ本が読み放題だった。ブラジル人のオリーヤという少女のエロ本を見た時は、その場にいた全員が同時にゲロを吐いた。なぜってオリーヤが僕たちと同い年だったから。世界はとてつもなく広いと悟ったと同時に、言葉にならない悲しみが胸に広がった。その後、一応、僕たちはナンチャンのお父さんの部屋を隈なく捜索したが、もっと凄い物が出てきたことは言うまでもない。

以上のような個人的経験を踏まえると、僕はもはや覚悟せざるを得ないのだ。近い将来、我が子が僕の書斎に静かに侵入してくることを……。

何でも持っていって構わない。いや、許可を出すまでもなく持っていくだろう。僕の愛する音楽や文学、あるいは恥部を全て目撃して愕然《がくぜん》として、成長してほしい。今からそう願っている。

（連載第32回　２０１８年12月17日号）

内面考察

ワールドカップ

サッカーの話を書かなければならない。四年に一度のワールドカップがもうすぐ始まるのだから。

僕もかつてはサッカー少年であった。今でもテレビでサッカーを観るのは好きだし、スタジアムに行くこともある。熱狂的サポーターの如く半裸になって叫びたいとは思わないが、とにかくサッカーは好きである。

では、なぜサッカーは面白いのか。

大量得点が入るバスケやラグビーと違って、サッカーは一点を取り合うスポーツだ。

ここがミソだ。これが何を意味するかというと、「一点ぐらいくれてやるさ」という寛大な心が自動的に薄れていくスポーツなのだ。特に男は、その度量や器の小ささ、人間的醜さがモロに露呈される。「一点」のために手段を選ばなくなった男は、極めて興味深い。

誰かと接触するたびに痛くもないのに痛いとわめき散らし、ピッチの上を延々と転がり回る。誰がどう見ても相手ボールなのに「自分のものだ！」と血相を変えて審判に主張する。確実にファウルをしたのに「していない！」と嘘をつく。死ぬほどごねる。周囲に唾を吐きまくる。相手選手や審判に詰め寄って威嚇する。いやはや世に言う男らしさなど微塵もない。これが男というやつの正体なのだ。

それが証拠に、女子サッカーにそのような光景はほとんど見られない。サッカーを観ていると、男はまったくもってダメな生き物なのだと再確認できる。

だから、面白い。そして一点を取った暁には狂ったように叫び、仲間と気持ち悪いぐらい抱き合い、悔しがっている相手選手の目の前でヘンな踊りをする。やはり、最高に面白い。

そう、人間性がもろに露《あらわ》になるからこそサッカーは面白い。ズルをするか、嘘をつくか、正しくあるか、瞬間的に己の本質が取り返しのつかないほど暴露されるスポーツ。それがサッカーなのだ。

ワールドカップ直前に日本代表のハリルホジッチ監督が不明瞭な理由で解任されたりして、僕の周りではワールドカップへの興味が薄らいでいるようだ。「あの監督解任会見には違和感を覚える」とか「応援できない。どうせなら全敗して、サッカー協会の幹部を一掃して次回のワールドカップに臨んでほしい」といった声が少なくない。

確かに前回のワールドカップほど世間が盛り上がっていないのは事実だろう。「ヘンな空気になっている」のも間違いない。だが、通常とは違うその「ヘンな空気」の中で選手たちが何を思い、どういう表情になって、どう行動するのか。そのあたりに僕は注目している。

いろいろな国の人たちがいろいろな思惑と共にロシアにやって来て、必死になって「一点」を取り合うのだ。面白くなるに決まっているではないか。

（連載第7回　2018年6月18日掲載）

笑いについて

撮影が深夜にまで及んだある日のことだ。スタッフも僕も疲れきっていた時、たまたま見学に来ていた映画祭関係者が僕のところへつかつかと歩み寄ってきて、こう言った。「石井さんって中二病らしいですね。ウンコとかチンコって言えば大体笑うらしいですね」。そして彼は、それだけ言うと颯爽《さっそう》と去っていった。

なぜだ。なぜあのタイミングで言われなければならなかったのか。釈然とはしないが、悔しいことに情報としては間違ってはいない。確かに僕は「ウンコとかチンコって言えば大体笑う」のだ。笑いのレベルという意味では中二どころの騒ぎではない。

小学三年生の時、たまたま手にした『モンモンモン』（つの丸作）という漫画に衝撃を受けた。当時「週刊少年ジャンプ」（集英社）で連載されていた猿が主人公のこのギャグ漫画を僕は生涯忘れないだろうと思う。比喩ではなく、本当に死ぬかと思うほど笑った。猿たちは常に下半身丸出し、鼻水は常に垂れていて、ネタと言えば屁やウンコのオンパレードである。何度読んでも笑い転げ、大好きなシーンは自分のノートに描き写して、それを見てまた笑い転げた。人生であんなにも笑ったのは後にも先

にもない。

本当の意味で、僕という人間の肉体と精神が燃え上がるように笑えるのはウンコとチンコ。つまり根源的な笑いだということだ。

そもそも男はみんなウンコとチンコが好きなのだ。フロイトの心理性的発達理論、「肛門期」と「男根期」を今さら持ち出すまでもない。肛門や排泄物、男根への本能的執着は男なら常識、これを否定するなら人間存在全てを否定することになる。

一方で、ベルクソンは笑いについて「人間が機械化するかされた時に起こる『人間』を奪い返すための試み」というような言い方をしたが、これは僕の映画作りの指針になっている。つまり、ゲラゲラ笑えることだけが笑いではない。笑いとは人間性、人間的なるものを奪い返す、いわば反逆的行為だと僕は認識している。

『モンモンモン』はゲラゲラ笑えもするが、猿が主人公にもかかわらず（だからこそ）そこには「人間的なるもの」が描かれていたように思う。最終巻では、大海原で漂流している主人公モンモンが弟のモンチャックを助けるため自らの屁を「酸素ボンベ代わりに」吸って生き延びようとする。だが、モンモンは死んでしまうのだ。

屁では、生きられなかった。正しい心は無残にも荒波に飲まれ、死んでしまった。

でも、屁で生きようと全力でトライした。
笑いの中に「人間」、すなわち哀しみと不合理があることをその時感覚的に悟ったのだ。

（連載第13回　２０１８年7月30日号）

ゲシュタルト崩壊

告白すると、かれこれ十九歳の頃から僕の視覚では度々「ゲシュタルト崩壊」が起こる。疲れている時やストレスを抱えている時ほどよく起こる。毎日起こることもあれば、しばらく起きない場合もある。

ゲシュタルト崩壊は、その言葉自体を知らなくてもほぼすべての人が体験しているはずだ。たとえば特定の漢字一字をじっくり見つめていると、「あれ、なんだこれ。こんな字だったっけ。あれ、何でこんな字を今まで普通に書いていたんだっけ。そもそも、何でこんな字なんだ。あれ、あれ、あれれ」と違和感を覚えてくる、そういう現象をゲシュタルト崩壊という（らしい）。

これが僕の場合（もしかしたら多くの方も同じかもしれないが）、文字だけではなく視覚のほぼ全てに適用される。つまり青い空が、なぜ青い空なのか突然分からなくなってきて不安になってくる。青い空の意味が分からなくなってくる。「あれ、こんなのが青い空だっけ」という気分になってくる。それまで日常的に見ていた風景が突如として日常ではなくなり、成り立っていた根拠が崩れ、信じられなくなる。「おい、そこの犬、なぜ歩いている、なぜそんな尻尾をしている。なぜそんな顔をしている。なぜなんだ、教えてくれ！」と、そんな異様な気分に陥るのだ。民家、鳥、車が、なぜそれが民家で鳥で車なのか、理解できなくなる。見ている対象の存在を疑い、ひいては見ている僕自身の存在も疑い、気分が悪くなってくる。最初はただのめまいかと思っていた。きっと脳に何らかの異常があるのだと思って病院に行ったこともある。だが、検査をしても悪いところは見つからない。

不安神経症とか自律神経失調症とか、医師によってはそういった診断を下されるケースなのだと思う。たまに頭がクラクラしすぎて少し心配になるが、基本的にはあまり気にせず放置している。そういう時は「何、時代のせいさ」と心の中で鷹揚《おうよう》に呟き、大胆な責任転嫁をする。こんなに酷い世の中を毎日毎日見つめていて、正常でい

大三巴
手信
記

られるほうがおかしい。正常でいられるほうがむしろ異常だ。

童謡にもある。「とんぼのめがねはぴかぴかめがね　おてんとさまをみてたから」。見ている対象は、そのまま見ている側の目に映る。ハチャメチャな世界を飛べば、トンボの眼鏡もハチャメチャになるだろう。

仕方がないのだ。唯一の解決策は、酷い世の中から目を背けること。見ないこと。見ようとしないこと。

だが、それはできない。つまり、この気分の悪さは死ぬまで続くのだ。望むところだと、強がるしか他に手はあるまい。

（連載第16回　2018年8月27日号）

アングル

「人生はクローズアップで見れば悲劇だが、ロングショットで見れば喜劇」とは、かの有名なチャールズ・チャップリンの言だ。つまり、どこに「目」を置くかで物事の見え方はまるで変わってくるということだ。

たとえば海外から帰国する時、着陸直前に飛行機の窓から日本の土地が見えてきて、うっとりとしてしまう瞬間がある。普段は思いもしないのに、機上では日本は何て素敵な国なんだ、美しい、と恍惚となってしまうのだ。もちろん海外から戻ってきた安堵や喜びも加味されているのだろうが、上空から見る日本は格別に美しい。だから頻繁に飛行機に乗る人はどんどん愛国者になっていくんじゃないかとさえ想像してしまう。「マイレージたまっている人ほど愛国者説」である。まあ、通路側に座っていては全然ダメなのだが。

二〇一六年の夏、街のいたるところに奇妙な人間の群れが出現した。群れはじっと動かず、特に夜はまるで蛍のように、スマホの灯りで顔だけが暗闇に浮かび上がっていた。暗がりに何十人もの人間が蠢《うごめ》いているのを見た時はギョッとしたものだ。何を隠そう彼らは「ポケモンGO」をプレイしていたのだ。

最初に見た時は、宗教か何かの儀式かと思った。皆一様にうつむき、シコシコと指を動かしていた。そう、シコっているようにも見えた。あの風景は異様だった。見ていて決して気持ちの良いものではなかった。

だがある日、そんな人間の群れを歩道橋の上からたまたま見下ろしたことがある。その時、数十人の人間たちが一様に祈っているように見えた。小さな希望を切実に追い求めている人間たちに見えたのだ。涙が出そうになった。

あれは錯覚だったのだろう。上方から対象を見下ろす視点、つまり俯瞰《ふかん》は、一時的に自分が神になったかのような錯覚を引き起こす。暗がりでシコシコしている人間の群れを俯瞰で見て不覚にも魅了されたのは、やはり目の位置が理由だったからだと思う。独特でドキドキする反面、見ていることが憚られるような罪悪感を覚える。それが俯瞰なのだ。

鏡で自分の顔を見ている時も同じような不思議な感覚を抱く。自分の意思で見ているはずなのに、どこか神様に覗かれているような気分にもなる。ゴッホが狂ったのは、自画像を描き過ぎたからではないか。個人的にはそう想像している。自分自身を見つめすぎ、己の中に、神様だけしか決して見てはいけないものを、偶然見つけてしまったのではないか。

目をどの位置に置くか。それによって絶望も希望となり、憎悪も愛となる。この複雑な世界の中で狂わぬために、自分がどこにいてどこから眺めているか、それを常に

意識しているつもりだ。

（連載第30回　2018年12月3日号）

顔面

誰が言い出したのか分からないが、僕が中学生の時分、流行歌手や俳優の何人かは僕のクラスメートたちによって「元AV男優」だと勝手に決めつけられていた。

失礼な話だ。根拠なんてまるでないにもかかわらず「あいつは今売れてるだけで、元々はAV男優だから」などと学校中で噂になっていたし、それどころか蔑まれ、見下されていた。

別にAV男優をかつてやっていたとしても現在進行形でやっていてもまるで構わないのだが、子どもというのはほぼ例外なく差別的な生き物で、当時は「元AV男優」という噂だけで簡単にひとりの人間を完全否定することができたのだ。

そのことを事前に弁解した上で、話を先に進めたい。

面白いもので、あの人は元AV男優なのだと言われると、確かにそう見えてくる。

やってそうだ、いやあの顔は間違いなくやっている顔だ、ひどくスケベな顔をしている、しかも結構なベテラン男優に違いないと頭の中で勝手に結論づけられていく。

だが、やがて僕はこれがただの先入観だという事実に気づいた。十四歳にして、生まれて初めて先入観というものの存在を悟ったのだ。担任の先生が偶然色黒のオジサンで、彼のてらてらと黒光りする顔をじっと見ていたら少しずつ「あれ、元AV男優っぽいぞ」と思えてきたことがヒントとなった。そして、「この人は元AV男優だ」と思い込んで人を見ると、次第に誰もが元AV男優に見えてくるという真理を発見してしまった。老いも若きも色白も給食のオジサンも、「この人は元AV男優だった」と思い込んで見れば、不思議とそう見えてくる。人を見た目で判断するのはやめようと、だから中学生の僕は固く誓ったのだ。

あれから二十年。何の因果か僕は今、人を見た目で判断しまくる仕事をしている。

およそ人間の顔面は、人格やそれまでの人生の痕跡がくっきりと刻み込まれるものだ。顔面とは「取り返しのつかない露出」。そう言ったのは誰だったか。「取り返しのつかない内面の露出」だったか。

特に俳優において、僕は個人的にただのイケメンや美人にはほとんど興味を持てない。整った顔に何の魅力があるのだろうか。それだったらタージマハルやエッフェル塔を眺めているほうがよっぽどいい。新車のボディみたいにツルツルの顔をした人が美しいという感覚は、僕には到底理解できない。

むしろ欠陥にこそ人間の美しさ、魅力がある。いたらなさ、不完全さ、整っていないもの、ちぐはぐなもの。人間的な愛おしさは、そういったものの中にこそあるに決まっている。

加えて、負の感情とされているもの。怒りや悲しみ、虚しさ。これらがまるで見えない顔面の持ち主は、はなから信用しないことに決めている。嘘つきに決まっているからだ。

（連載第36回　2019年1月21日号）

LED

LEDの光は、目がチカチカする。脳がムズムズする。不安になる。

LEDが人体に悪影響を及ぼすなどと断言するつもりはない。ただし、少なくとも僕の目はチカチカしている。実際にチカチカしているのに、チカチカしていないとは言えないのだ。

ちなみに、人体へのＬＥＤの影響について専門的な研究が進んでいるのか、僕は全く知らない。また、ＬＥＤを世に出す前にそういった研究が十分になされたのかも知らない。省エネや電球の長寿命化など、メリットを高々と謳い上げるのは一向に構わないのだが、脳がムズムズする人間が出現する可能性について少しでも考えられたのか否か。

極端に言えば我々は「太陽」を取り替えたのだ。主たる光源がＬＥＤに変わり、世界というものの照らされ方がまるで変わった。違和感を覚えないほうが不思議である。

ＬＥＤの光には、容赦がない。あたたかみがない。一度舞台の演出をした際に強く意識したのだが、容赦のない光は人間を冷たく照らし出す。光が冷たいのならば、当然影も冷たくなる。よって人間の存在全部が冷たく感じる。

この目のチカチカは、新しいものが世に出てきた時のただの違和感、拒絶反応なのか。たとえばレコードに代わってＣＤが出てきた時の反応と同じなのか。

今でも「CDよりレコードのほうが断然いい音だ」と言う人がいるが、科学的に分析すれば音質において優れているのは間違いなくCDなのだそうだ。そりゃそうだ。音楽というものがそっくりそのままデジタル的に記録されているのだから。かたやレコードの音には、物理的な意味も含めた欠損がある。音楽を再生する際、レコード盤は物理的に回転しているわけで、そこでも不規則で不完全な音を出すことが宿命づけられている。つまり、音に容赦がある。きちんと揺らぎがある。あたたかみがある。

話が脱線した。僕の目がチカチカする原因がそういった違和感か否か、それは大きな問題ではない。

問題なのは、僕の目が少しずつLEDに慣れ始めていることだ。

LEDが出始めの頃、気分が悪くてこれからこの世界でどう生きていこうかと本気で心配していたのに。

人間は、思いのほか慣れていくのだ。ゆっくりと、次第に、違和感を違和感とは思わなくなる。それがフツーになっていく。当たり前になっていく。

なるほど、たぶん、戦争はこうやって始まっていくのだ。たぶん、話はまるで飛躍していない。理屈としては同じだろう。ホロコーストや民族浄化、つまりは起こるはずのなかったことは、たぶん人間の目がチカチカしなくなったから、起こったのだ。

（連載第40回　2019年2月18日号）

いつかの夢

僕がバイクにまたがろうとしていると、小さなおまわりさんが百人、道の反対側から急いで駆けてきた。

七センチほどしかない足をぴょこぴょこと一生懸命動かし、車がびゅんびゅん通る道をいっせいに渡ってくる。さながらハツカネズミの大群のようだった。

三十人は笛をぴーひゃら吹き鳴らし、十八人は太鼓をどんどん打ち鳴らしている。どんどん、ぴーひゃら、どんどん、ぴーひゃら。

二十一人は踊り狂っていて、残りの三十一人は不幸にも車にはねられて死んだ。

コールマン髭をたくわえた一番偉そうなおまわりさんが僕の足下へ来て、言った。

「この男をひっ捕らえろ！」

僕は六十九人の小さなおまわりさんたちに担ぎ上げられ、運ばれた。彼らは甲高い声で、しきりに何やら叫んでいる。

「ナリマー！　ナリマー！」

おそらく「ガリバー」と言っているに違いない。

「ネンリョクノイヌ！　ネンリョクノイヌ！」

おそらく「権力の犬」と言っているに違いない。僕は彼らに同情した。

「権力の犬は、君たちのことだろ？」

「ネンリョクノイヌ？」

「権力の犬だよ」

「ナリマー？」

「ナリマーじゃない。もういい。好きにしてくれ」

「スキニ？」

「好きにしていいよ」

「ホントウニ、イイノ？　ホントウニ、スキニシテ、イイノ？」

「いいに決まってるだろ。建前上は自由の国なんだから」

すると、小さなおまわりさんたちは僕を担ぐのをやめ、楽しそうに笛を吹き鳴ら

し、太鼓を打ち始めた。

どんどん、ぴーひゃら、どんどん、ぴーひゃら。

皆、とてもいい顔をしている。さっき僕を担いでいたときとは大違いだ。生きる喜びにあふれている。

六十九人の小さなおまわりさんたちが、楽しそうに道の反対側へぴょこぴょこと帰っていく。

十人は笛を吹き鳴らし、八人は太鼓を打ち鳴らしている。十五人は楽しそうに踊り狂い、三十六人は車にはねられて死んだ。

人生は、やはりとてもつらい。

やはり、とても悲しい。

亡くなった六十七人を見てそう思った。いや、生き残った三十三人のおまわりさんたちの楽しそうな姿を見て、そう思ったのかもしれない。

どんどん、ぴーひゃら、どんどん、ぴーひゃら。

だんだん音が小さくなっていく。

これは、いつか見た夢の記録。

（連載第41回　２０１９年２月25日号）

馬

多分幼稚園児にも理解できると思うが、「人間の幸せって何だろう」というイノセンスな自問から出発しない全ての政治や経済はほとんど無意味なのだと思う。ただしこれは気の遠くなるような途方もない問いでもある。人間が幸せに暮らせる社会を作るために何をするべきか、特に若い頃はよく考えたものだ。

馬という生き物と共生する社会はどうかと、いつだったか本気で夢想したことがある。

かつて東北地方の農村部には曲り家《まがりや》と呼ばれる民家があったそうだ。人間が暮らす母屋と馬が暮らす厩がドッキングされてL字形になっている。つまり、人間と馬が同じ屋根の下で生活していて、襖を開けたら馬がいる、というような不思議な構造の家。

かつての農作業に馬は欠かせなかったから、まるで家族のように、とても大切に扱われてきたのだ。

この曲り家の存在を知ったのは学生の時だ。いつかこれを題材にした映画を撮ってみたいと思ったほどだ。理由は分からないが、僕は昔から馬との共生に惹かれる傾向にある。

だからある時、車を全部やめて移動手段を馬にすれば、人間はより幸せになるんじゃないかとふと思ったのだ。ただ、あまりにも荒唐無稽で馬鹿げているので、いつしかそんなことは考えなくなったのだが。

先日、最寄りのスーパーの前にロバがいた。まさかとは思ったが、本当にロバだった。目を疑って、何度も何度も見返したが、やはり明らかにロバだった。駐輪場にいたから、たぶん誰かが乗ってきたのだと思う。ロバはたぶん、飼い主の買い物が終わるのを静かに待っていた。

あれは夢だったのか、幻だったのか。とにかく、ロバのおかげでかつて思い描いた「日本を馬ばかりにする計画」を久しぶりに思い出した。

もはや世は自動運転だ。車をやめて馬にしようなどと言ったら、頭がどうかしていると思われるだろう。

でも、めげずに頑張って夢想を続けてみよう。

車をやめて馬にしたら、まず当然環境が改善される。排ガスが出ないから地球温暖化対策になる。子どもの情操教育にもなる。常に愛馬という相棒がいるから、きっと孤独感や疎外感が減る。交通事故が減る。ただし、馬に蹴られて怪我をする人は増える。四六時中尻が痛くなる。暴走族が静かになる。馬が飲んでさえいなければ、たぶん酒を飲んでも馬で帰宅できる（道路交通法に従うべし）。道は馬糞まみれになるだろうが、馬糞に群がる微生物が活性化する。生態系の末端にいる微生物が活性化すれば、生き物全体の生命力が底上げされる（かもしれない）。人間の生命力も上がる（かもしれない）。地球全体の生命が燃え上がり、躍動する（かもしれない）。ただし、車をなくしたら自動車産業が消滅し、日本経済が崩壊する。

この時代を覆う虚しさの根源は一体何なのか。

それを見つけ、それに抗う新しい生き方を必死に探しているのだが。

残念ながら今のところ、馬以上にいい答えは見つかっていない。


（連載第45回　２０１９年3月25日号）

今の時代

煙草

今年の三月、煙草をやめた。自慢ではないが、〇〇歳の時から超がつくほどのヘビースモーカーで、この数年は日に約六十本吸っていた。「煙草をやめるなんてのは意志の弱い奴」だという談志師匠の格言を信じ、これまでせっせと吸ってきた。それでも、きっぱりとやめたのだ。

アイコスや電子煙草などに手を出すつもりはない。なぜなら、煙草にとって重要なのは火だから。煙草は都会の真ん中でできる唯一の焚き火であって、火を見つめるからこそ深い思索の世界に潜ることができる。これは原始時代から変わらぬ人類の性。縄文人だって日がな一日、火を眺めながら過ごしていたではないか。「今度はああい

う感じの土器を作ってみよう」と、火と煙を見つめ沈思していたに決まっている。「哲学の煙」と漱石が表現したように、煙草とは哲学のことであり、電子とかリキッドとは本質的にまるで別物なのだ。

煙草には中毒性があるために、やめようにもなかなかやめられない。これも煙草の存在意義のひとつだ。「分かっちゃいるけどやめられない」ことがこの世界にはあるのだと、喫煙者諸兄姉は強く自覚している。これは非常に大切な自覚だと僕は思う。

今、憲法九条を変えようとしている人たちは、よほど自分に自信があるのだろう。どこかの国と戦争になりかけても理性で止められる、と高を括《くく》っているのではないか。申し訳ないが、かつてバリバリのニコチン中毒者だった僕にそんな自信はない。自慢ではないがかなりのダメ人間で、普段から怒りや憎しみや欲望を制御できないことがあるし、万が一戦場に行った場合、何かの弾みで自制が利かなくなり、殺戮《さつりく》でも何でもやってしまう可能性があると自信をもって言える。本当に自慢ではないが、それをやってしまう自分をはっきりと想像できる。「分かっちゃいるけどやめられない」と、とぼけたような顔で人を殺してしまう可能性を自分の中に感じるわけだが、この自覚という名の自戒を得られたという一点において喫煙の経験は無駄ではなかったと思うのだ。

現代人は、「人間なんて例外なく全員ダメな生き物だ」という前提を忘れかけている。いや、不都合な真実を意識的に忘れようとしているのだろう。体に毒だと分かっていても煙草を吸う。いや、毒だからこそ吸う。そういう不合理性が人間にはあり、だからこそ人間は人間なのである。決して完全無欠でないからこそ人間は愛らしく、ユーモラスなのだ。

いつかまた煙草を吸ってしまったら、そう言い訳をしようと決めている。


（連載第9回　2018年7月2日号）

責任を取る人

「責任を取る人が少なくなった」

これは根拠のない僕の主観的な印象でしかないが、ここではそういうものを書いてみようと思う。今の素直な感覚を、忘れないうちに書いておく。

二〇一一年の東日本大震災、原発事故以降、この国の空気はじわりじわりと薄気味悪いものになっている。これに関しては多くの方々も同じ感覚を抱いていると思う。

だが、よくよく思い返してみると、それ以前から「悪化」していたという感覚が僕にはある。震災前からかなり嫌な感じがあった。というより、僕の物心がついた一九九〇年代前半から、社会の空気が良くなっているという感覚を得られた記憶が一切ない。社会が悪くなっているということは、すなわち人間自体が悪くなっているということに他ならない。

ひょっとしたら僕の性格が悲観的なだけかもしれない。でも重ね重ねになるが、ここでは僕の感覚を素直に書くつもりだ。

「責任を取る人が少なくなった」のは、だから震災や原発事故だけが原因ではない。ただ、やはり二〇一一年はもちろんエポックメイキングではあったのだろう。

特に原発事故だ。あんな大事故が起きても、本当に過失責任を感じている人間がいるとは僕には到底思えないのだ。血の通った後悔、痛みを伴う反省というものは、多分ほとんどなかったのだと思う。

結局どいつだ、誰なのだ。誰が悪いのだ。原発が安全だと根拠のないことを言ってこれまで推進してきた政治家か科学者か経済界の連中か。原発を誘致した住民か、原

発のCMを撮った監督か。

結局、「むにゃっ」として終わった。ただ全てが「むにゃっ」として、それでおしまいになった。全くおしまいになっていないのに、おしまいにされた。

何だか気持ちの悪い、それでいて言葉にできないような不信感だけが我々に残った。福島第一原発は「アンダーコントロール」らしいが、そんなものを完全に信じている人はまずいないだろう。誰もが心の奥底で疑っているはずだ。

それでも僕たちは生きていくしかない。決定的な不信感を抱えたまま、でもそれを大々的に言うのは憚られるし、言ってもどうせ無駄だから、そっと静かに生きていく。

そのための方策として、なるべく物事を考えないようにしよう。都合の悪いことから目を背けよう。見ないようにしよう。それが一番楽だ。悪いのは自分ではない。いや、あいつのほうがよっぽどクソだ。知らない、どうでもいい。ノータッチ。

どうやら、そうやって生きていかなければいけないらしい。そういう生き方を課せられたのが今の時代。


（連載第15回　２０１８年8月20日号）

撮影終了

七月一日から八月六日まで映画の撮影をしていた。最近の僕の場合、一カ月以上にも及ぶ長丁場の撮影は大体一年に一度。案外暇だと思われるかもしれないが、脚本を書いたり編集をしたりしていると一年という時間はあっという間に過ぎていく。年間に映画を二本撮るのはなかなかに大変なのだ。

つまり映画の撮影とは僕にとって一年に一度の祭りであり、戦いである。その期間は当然、並々ならぬ気合を入れる。撮影中はテレビも見ないし、インターネットのニュースも見ない。当然友人と飲みに行くこともなく、ただただ映画に集中する。

撮影に入る直前、米朝の接近と駆け引き、森友・加計《かけ》問題はとても気になっていたが、撮影前に情報をシャットアウト。他にも紀州のドンファンやザギトワが秋田犬を飼うだの飼わないだのというニュースが巷を賑わせていた頃だ。

七月に入り撮影が始まった後、さすがに麻原彰晃《あさはらしょうこう》以下十三名の元オウム真理教関係者の死刑執行の情報は僕の耳にも入ってきた。これは後でいろいろと考える必要がある。そうメモだけはして、撮影に集中した。

そしていよいよ八月六日に撮影が終わり、久しぶりに家でテレビをつけてみた。すると、どの局もボクシング連盟の山根明会長のオンパレードであった。どこもかしこも山根会長。

森友・加計問題はもちろん、オウムもザキトワの秋田犬もやっていない。まるでそんなこと、はじめからこの世界にはなかったかのように人々は山根会長を囲み、フラッシュを焚き続けていた。相撲協会やレスリング協会の問題の時よりも、人々が嬉しそうに見えた。楽しそうに見えた。

そう、ほんの一ヵ月の間で僕たちは浦島太郎になってしまう。そういう時代なのだ。とても大きな何かに突き放されたような、見捨てられたような、そんな気分だった。

夢中になってフィクション映画を作っていたからこそ、撮影現場から帰ってきたばかりの僕は思うのだ。

では、フィクションと対極にあるはずの「現実」とは一体何か。

確かなのは、秋田犬のぬいぐるみが今年かなり売れたことと、紀州のドンファンが

放蕩の限りを尽くした末に何を思ったのか、本当は誰も興味がなかったこと。幸か不幸か、今の僕たちの周りにある現実とは所詮その程度のものなのだ。

それを「現実」と呼べば、の話だが。そろそろ他の呼び方を考えたほうが良さそうだ。これ以上、無意味に虚しくなる前に。

（連載第17回　2018年9月3日号）

世代

二〇一四年、栃木の小一女児殺害事件の犯人として勝又拓哉が逮捕された時、言いようのない気分に襲われた。疲れきった悲しそうな目もさることながら、彼が一九八二年生まれだったからだ。彼が主張する冤罪かどうかという問題以前に、彼の犯行を信じたくない感情的な気分が僕にはある。

二〇〇八年、秋葉原での通り魔事件の時も思った。あの犯人も八二年生まれだ。僕は八三年生まれだけれども、同世代という意識を強く持っていて、同じ世代の人間が犯罪に手を染める度に胸が苦しくなるのだ。今まで一緒に頑張って酷い時代を生き抜

いてきたじゃないか、それなのになぜそんなことを……、と思うのだ。

　僕たちが生き抜いてきた時代が「酷い時代」だという意識が僕にはあるのだが、そう思うに至った直接の原因にして発端は九七年、「少年A」が現れたからだと断言できる。当時僕は中学一年で狭い世界の中で生きていたけれども、少なくともその「世界」は少年Aの出現によって一変した。変わったのは僕たち子どもではなく、教師などの大人たちの方だった。彼らの目の奥にあからさまな動揺が生じたのを僕はよく覚えているし、それによって僕たち子どもも身構えたと思う。

　確かに身近な場所にジャックナイフはあったし、誇張ではなく「やる側になるか、やられる側になるか」という異様な緊張感が常にあった。人を殺す、または殺される生々しい可能性を感じることとなった。八二年生まれ、つまり僕と一歳しか違わない少年Aの出現と犯行は、極めて重大な影響を僕たちの世代の人間に及ぼしているはずだ。

　このあたりの考察は佐藤喬《たかし》さんの『1982』（宝島社）という著書で詳しくされている。余談であるが、この本を読んだ時は嬉しかった。ようやく自分と同じ世代の声、ずっと抱えてきた違和感のようなものを表現する人が出てきたと思ったからだ

（ただし、なぜかそういう表現者が僕たちの世代には少ないように感じる）。

思えば物心がついた時にはバブルが崩壊していて、世の中が好転するような雰囲気を一度も味わっていない世代だ。九五年、僕が十一歳の時に阪神淡路大震災が起き、地下鉄サリン事件があって、このあたりから徐々にインターネットなるものが社会に浸透していった。

あの時代を生きた気分、違和感のようなものが今でも僕の感覚の基準になっている。信じられないぐらい大きな虚無感があった。息苦しかった。

とは言え、今よりはまだ少しマシな時代だったのだと思う。悪化している、悪い予感がどんどん膨らんでいっている。そういう実感を持てたから。

今はもう、そんな実感を持てないほどにメチャクチャに狂わされていると思うから。

（連載第21回　２０１８年10月１日号）

記憶

先日、「とんとろとん」という珍妙な芸名を持った友人が家に来た。本名を内堀義之という。彼をはじめて見たのは大学の入試会場で、ひと際異彩を放っていたのを覚えている。

僕たちは入学してから仲が良くなり、卒業後は二年ほど同居さえした。

珍妙な男であるとは元々知っていたが、家で色々な話をする中で、彼はさらに珍妙な話を始めた。とんとろとん曰く、彼は自らの「お食い初め」を記憶しているのだという。お食い初めとは大体生後百日頃に赤子のために行う儀式であり、当の本人に記憶が残っているはずがない。嘘をつくなと彼に迫ったが、「僕は記憶の神童だったから」と平然と言ってのけた。

「いや〜、イヤでイヤでね、あの時は結構泣いたよね〜」とのことであるが、そもそも「記憶の神童」とは一体何なのか僕には理解できなかった。はじめて耳にした珍妙な言葉だった。

考えるに記憶とは、それ自体がきわめて珍妙なものだ。

二〇一一年、福島第一原子力発電所の事故があった。この原発事故についての記憶はどうか。当時僕が付けていたノートには「三月二十一日午前三時頃の原子力安全・保安院の会見はあまりにも酷い」とある。グダグダで、語るべき言葉と責任感を持たない者たちが、誰かの指示によりただやらされているだけの醜悪な会見だった。あれこそが、僕が見た原発事故の現実であり真相だった。だが、現在既に原子力安全・保安院なるものは存在しないし、わざわざノートに書き留めていなかったら僕もこの会見のことなどすっかり忘れていただろうと思う。

つまりあの醜悪な会見は、歴史の事実としては刻まれない。事故直後にテレビに出てきてメルトダウンなどしていませんとのうのうと言い張った専門家もいたが、そういった事故にまつわるディテールはすぐに忘れられ、もはやなかったことになってしまった（と、過去形で書いても違和感はないだろう）。建屋の爆発や防護服の作業員たちの姿など、シンプルでショッキングな光景、しかもニュースなどで繰り返し流された映像こそが歴史となる。

物事は時間と共に編集されて単純化され、場合によっては何者かの都合で改訂され、あるいはフィクションを交えて変換され、物語化され、その記憶が次第に人から人へと受け継がれていく。

いずれにせよ歴史とは、そうやって作られていく。そうに違いないと悟った。関ヶ原も明治維新も太平洋戦争も、当たり前だが僕たちが見ているものは編集の手が加えられた歴史でしかない。

ちなみにとんとろとんは、大学の入試会場で珍妙なヒップホップファッションに身を包んでいた。いわゆるBボーイというやつで、ラップなどできやしないのに身のこなしだけはラッパー然としていた。敢えて言葉にするならば醜悪な姿だった。大学に入学し、その過ちに気づいた彼は素知らぬ顔ですぐにBボーイを卒業した。

今、そのことをからかうと、とんとろとんは「それは僕じゃない。人違いだ」と断固否定する。

「記憶の神童」は時に自己保身のための嘘をつく。

歴史が彼の都合によって改訂されないように、僕はこの話をし続けようと決めている。


（連載第34回　2019年1月7日号）

平成が暮れていく

The Mirrazというバンドの「気持ち悪りぃ」という曲がある。二〇一二年に発表された僅か二分程度の短い曲だ。この曲の本質は、まさに「気持ち悪りぃ」という直情的な不快感の表明にある。曲の作り手でありボーカルの畠山承平さんは、とにかく何か、むずむずしていて、むかついていて、明確な理由はあったりなかったり（多分）、でもやっぱり強烈に不満なのだ、悪いけど俺はいま不愉快極まりないのだ、と叫んでいる。もちろんサビは「あー気持ち悪りぃ」の徹底的な連呼。それのみだ。

つまり、平成時代のこの国のテーマソングはこれ、ということでいいだろうと思う。

「気持ち悪りぃ」と思っているにもかかわらず、僕たちはいつから「気持ち悪りぃ」とはっきり言えなくなったのか。現状が気に入らない、ヤダ、やりたくない、おかしいと思う。なぜそれだけの簡単な気分を言葉にできなくなったのか。あるいは、そもそも最初から言えなかったのか。そうだっけか。そうかもしれないし、そうではないかもしれない。いずれにしても昨今、より言いづらくなっていっているのは間違いな

いと思う。

到底受け入れられないことを何となく受け入れてしまう。仕方がない、受け入れざるを得ない、そんな空気を感じて、抵抗を諦めてしまう。本当は納得できていないんですがねという苦笑だけはいっちょまえに浮かべて、ズルいから、戦い抗った痕跡だけはほんの少し残そうとして、それでも結局、最終的にはうやむやに曖昧にして、なし崩し的に受け入れる。

いま、どこもかしこも、うやむや地獄だ。うやむやうやむや。うやむや曖昧のオンパレード時代だ。

少しでも不満を表明しようものなら「対案を出せ」と誰かに言われるのだろう。「じゃあお前、どうするんだ。具体的に言え」と凄まれる。それが怖いから何も言わない。少し我慢して、本当の気持ちを抑えつけて、問題の本質を見ないようにして、やり過ごそうとする。

ああ、どこからかまた幻聴のように聞こえてくる。「いや〜、本当は私もこんなこと無意味だと思ってるんですよ。でも上がほら、融通利かないですから。上が、首を縦に振らないですから。ですから、本当は馬鹿馬鹿しいと分かっているんですがね、どうかひとつ、これをやってくださいよ」。こういう人が確実に、着々と増えている。

「上」とは何ぞや。

日本語とは都合がよくできていて、いつしか気づかないうちに主語が消えていき、誰と話しているのか分からなくなる。言葉が誰の責任のものなのか、分からなくなる。この国は、そういう特殊性を帯びている。責任転嫁がとてもやりやすい言語を持っている国なのだ。

うやむや、曖昧。気づいたら誰も悪くないことになっている。

あー気持ち悪りぃと、それさえ口に出すのが憚られて。だからこそ嫌な予感を拭い去れずにいる平成最後の暮れは、やけにナマアタタカイ。

（連載第35回　２０１９年1月14日号）

映像

映像が氾濫している。

街行く人は、皆スマホやカメラでパシャパシャと写真を撮り、憑かれたように動画を撮りまくっている。まさにこの瞬間もSNSには膨大な画像がアップされ続け、動画サイトには尋常ではない数の動画がうじゃうじゃと蠢いている。

今に始まったことではないが、個人的にこれは異常事態だと見ている。そもそも映像のプロとして、僕は軽率に写真や動画を撮るべきではないという考えを持っている。というか、今すぐにみんなやめて！　と思っている。いや、やめなくてもいいのだが、もう少しちゃんと考えて！　とは思っている。

これといった意思や躊躇《ちゅうちょ》や逡巡もなく、撮って撮って撮りまくっていると、ただただ虚しい気分になっていくだけなのだ。目の前にある人間や風景を自分の目でしっかりと見つめ、感じることこそが重要なのに、いつの間にか撮るという行為が優先されていく。これはほとんど強迫観念に近い。かわいいから撮っておこう。友達に会ったから撮っておこう。何だかよく分からないけど一応撮っておこう。この被写体になぜ価値があるのか、どうして自分の心が動かされるのか、何も考えず、感じず、対象に敬意も悪意も批評性もなく、何となく指が自動的に動き、パシャリと撮る。

それはいわば、目の前にある人間や風景を無自覚的に軽んじ、蔑《ないがし》ろにしているということだ。強い言葉を使うなら、ナメている。

これが虚しさを生むプロセスだ。人間や風景への無自覚の軽視が、結果的に自分に跳ね返ってくる。

この世界から人々の想像力を奪い、虚無感を作り出しているひとつの要因は、無邪気に撮る写真や動画にあると、だから僕は断言できるのだ。

なぜ、撮るのか。ほとんどの場合、そこに明確な目的意識はない。「残しておきたい」というのが主たる理由だと思うが、残すという価値も実はあまり深く考えられていない。

写真を撮るとは、とどのつまりは一瞬間を記録することである。難しい話ではない。写真を撮るとは、すなわち時間を止めるということだ。動画は、通常一秒間二十四コマないし三十コマの連続写真なので、これとて時間を止めていることに違いはない。

「時」というものは、絶えず無常に流れていくものだ。もう少しその真理に対して人間は謙虚になってもいい。いとも簡単に時間を止められるからこそ、眼前の現実が軽んじられる。

撮るという行為は何なのか。誰でもカメラを手にできる時代だからこそ、誰もその重大性を考えない。カメラの機能だけがどんどん高性能化され、その反対に人間の撮る行為への意識は低下していく。

何も考えずに、今日もどこかしこでパシャリ。ああ、パシャリ。

（連載第37回　２０１９年1月28日号）

約束

子どもの頃、向かいの家に知的障害のある女の子が住んでいた。僕より二つぐらい年上だったのだが、体は小さかったし、真っ白な手足はとても細かった。彼女はたどたどしい足取りで歩き、いつもお菓子の入った大きな袋を持っていて、それを近所の子どもたちに配っていた。

僕の記憶の限りでは、たぶん彼女と会話はできなかったと思う。お菓子を貰う度にありがとうと言ったが、返事はなかった。彼女はいつも笑っているような、怒っているような表情をしていて、五歳の僕にとっては正直得体の知れない存在だった。

それでも母は、幼い僕にいつも「彼女を守りなさい」と言った。守るって何だ、と思った。どうすればいいのか分からなかった。

母は「常に弱い人の味方でいなさい」とも言った。

どうすれば味方でいることになるのかは分からなかった。今でも完璧には分からない。それでも、なぜそうしなければいけないのか、そこに関する疑いを持ったことは一度もない。母に理由を尋ねたこともない。愚問だ。そもそも理由などあろうはずがない。

弱い人、あるいは弱い立場にいる人の味方でいること。

それは、きっと法律ができる以前から存在していた人間同士の約束のようなものだ。

たぶん、それが果たせない時はあると思う。いろいろな事情で弱い人の味方になれない場面が。もしかしたら、自分が弱者の立場に追い込まれる場合もあるだろう。

それでもこの「約束」は、何があっても守るべきもの、少なくとも守ろうとするべきものだと思う。

この世界にはさまざまな問題があって、のっぴきならない状況になってはいるが、まずはこの約束を前提にして、解決に臨まなくてはいけないと思うのだ。前提。とい

うか、それだけでいい。
辺野古《へのこ》の基地建設。北方領土。シリア内戦。働き方改革。改正入管法。北朝鮮の核開発。温暖化。セクハラ。海洋プラスチックごみ。貧困。少子高齢化。テロ。アスベスト。冤罪。その他あらゆる問題。

とにかく、問題に向き合う時にあの約束を忘れてはいないか。頭でっかちになって反故にしていないか。知らぬ間に、声の大きな者や力の強い者におもねっていないか。近くに困っている人がいないか。苦しんだり悲しんだりしている人がいないか。たったそれだけの、書いていて恥ずかしくなるぐらい当たり前の正義感すら持ち続けることは不可能なのか。

現代社会を勝ち抜く上でまるで不必要で、むしろ邪魔で、カネにならないし、なんなら損をするし、青臭いね綺麗事だねと一笑に付されるに決まっていて、それでも五歳の子どもはちゃんと分かっているという、とても面白い、約束。

（連載第38回　2019年2月4日号）

リスペクトとかメンタルとかいう言葉をスポーツ選手が使う度に「むむむ」と思ってしまう。

実態に対して、それを表す言葉の重さが本当に釣り合っているのか、訝しい気持ちになる。

「他者を尊敬する」より、「リスペクトする」ほうがよっぽど簡単な感じがする。ということはつまり、この二つは同じことを言っているようで、実のところ意味の重さが違うのだ。

メンタル

広辞苑第六版によると「メンタル」は「心的。精神的」とある。英語でmentalは形容詞。名詞ですらないが、最近では「心」や「精神」の意味として一般的にも使われている。

人間の心や精神を表す言葉として、メンタルはやはりあまりにも軽い、と思う。僕だけかもしれないが、どこか遠い他人事のように、ほとんどニックネームのように感じられる。少なくとも、僕の心や精神はメンタルという言葉に置き換えられない。意味の重さが釣り合わないからだ。偉ぶっているわけでもなければ横文字嫌いの国粋主義者でもない。ちょっとムリ！　なのだ。

凄まじいプレッシャーにさらされながら戦っているプロのスポーツ選手が、自己を対象化するために「精神」を「メンタル」とニックネームで呼ぼうとする気分は少し理解できるような気がする。

ただし、精神とメンタルが同質量であるとはやはり思えない。『舟を編む』という辞書作りの映画を監督して以来、新しい言葉、特に横文字の出現に関しては注意深くなっている。

コンプライアンスは、意味が全く分からない（だから守れない人が多いのだろう）。デフォルトとかファイナンスとか、言葉の意味自体は分かるが、使われ方がぼんやりしていてよく分からない。ＡＥＤは街でよく見かけるが、何の略か分からない。大切なもののはずなのに、軽く感じられる。「神ってる」に至っては、もはやどうでもいい。

インターネットは毎日使うが、その言葉の意味は実はなんだかよく分からない。広辞苑第六版によるとインターネットは「世界規模のコンピューター・ネットワー

ク」。コンピューターは「計算機。主に電子計算機をいう」で、ネットワークが「網状組織の意」だから、インターネットを日本語に訳すと「世界規模の電子計算機網状組織」なのだろうが、そう言われてもチンプンカンプンだ。僕の友人である内堀という男はインターネットを「電子妄想馬鹿世界」と訳したが、こちらのほうがなぜかしっくり来る。少なくとも疑うべきもので危険を孕んだもの、ということがすぐに分かる。

どんどん、どんどんと言葉が遠のいていく。自分の身体に引きつけて考えられない言葉がどんどん増えている。正直、よく分からない言葉を何となく分かったフリして使ってしまう場合もある。

だからだ。自分という人間がだんだん薄ぼんやりとしてくる。

（連載第43回　２０１９年3月11日号）

映画のこと

大阪芸大

二〇〇二年に映画を学ぶため、大阪芸術大学に入学した。それまで埼玉県に住んでいたのだから、都内の学校にも通えたのに敢えて大阪の地を選んだ。理由は、本当に恥ずかしくて書きたくないのだが、「西遊記の時代から人間は西を目指すものだ」と本気で信じていたからだ。つまり簡単に言えば頭がおかしかった。青春とは恐ろしい。ちなみにその当時の唯一の趣味は深夜の散歩。家の近所でバッタリ痴女に出会えると本気で信じていた。嗚呼、青春とは……。

大学にはすんなり入学できたわけではない。これも恥ずかしくて書きたくないのだが、大阪芸大の入学試験には推薦含め二回落ち、最後の一般試験で何とか入れた（※

これはどうしても書いておかなくてはならないのだが、僕が入学した映像学科には百八十人の同級生がいたが映画監督になったのは今のところ僕だけだ。それにもかかわらず入試で二回落ちたのは、誰がどう見たって大学側の落ち度である。正直、今でも根に持っている)。嗚呼、余談が長引いた。

そうこうしてキャンパスライフが始まった。大学があるのは大阪の南河内《かわち》郡河南《かなん》町《ちょう》。驚いた。住民の方々に失礼になるので「田舎」という言葉は使わないが、周りには田畑以外何もない。遊ぶところはないし、土を掘れば何らかの遺跡が発掘される。そんな場所に全国各地から「芸術なんてものを目指す風変わりな若者たち」が集まっていた。「風変わり」というのは大いに配慮のある言い方であって、簡単に言えば「みんな頭がおかしかった」。

深夜、畑の中のあぜ道をゴスロリの恰好をした女学生が闊歩しているのだから、ギョッとする。先輩たちは全裸になって騎馬戦の騎馬を組み、マクドナルドのドライブスルーに通った(確かに騎馬は「乗り物」なのかもしれないが、全裸になる意味はまるで分からない)。学食では大麻を売っている人がいるという噂が絶えなかったし、近所の牧場に忍び込んで家畜の牛をその場で焼いて食った、という話も聞いた。

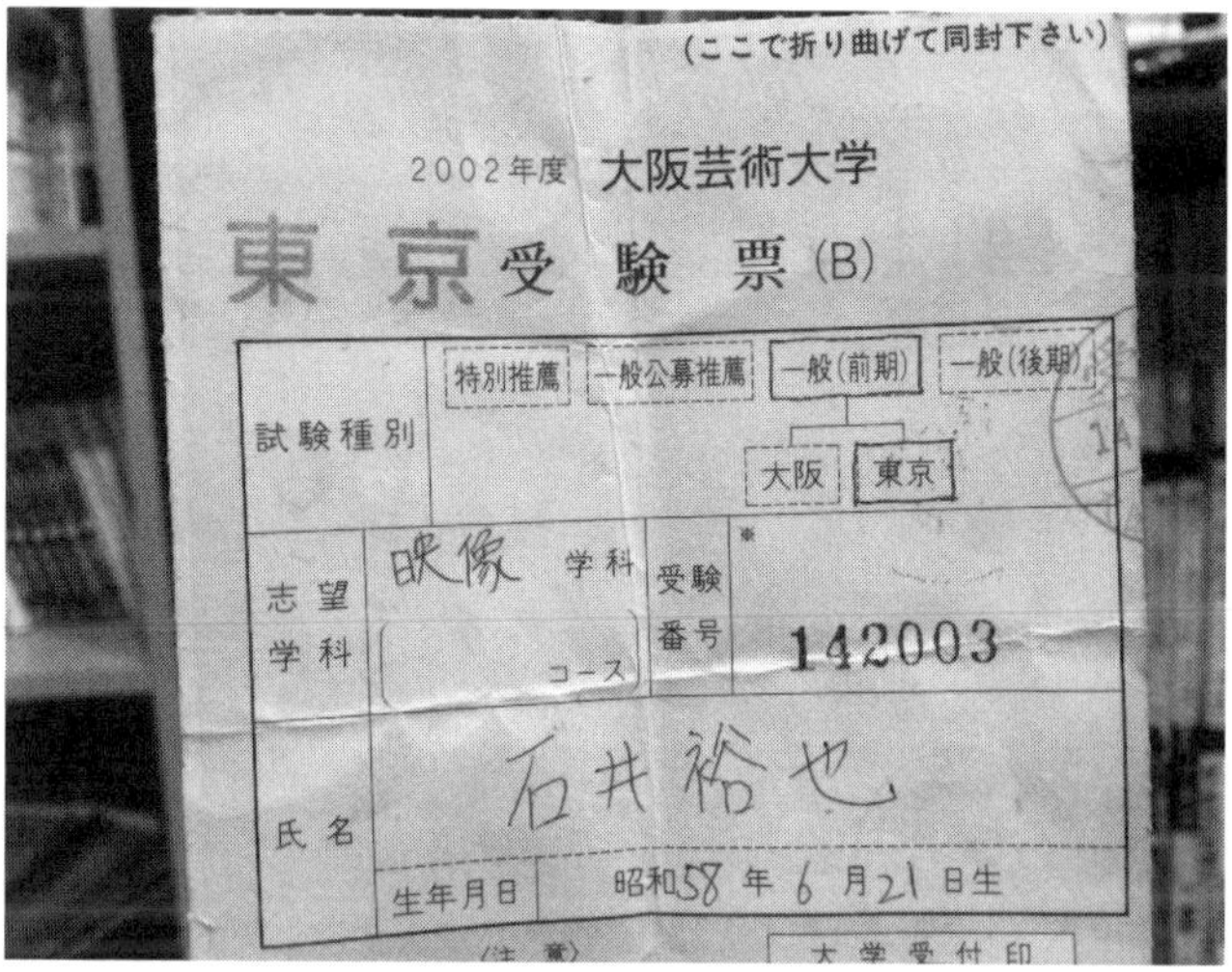
(ここで折り曲げて同封下さい)
2002年度 大阪芸術大学
東京受験票(B)
試験種別
特別推薦
一般公募推薦
一般(前期)
一般(後期)
大阪
東京
志望学科
映像 学科
コース
受験番号
142003
氏名
石井裕也
生年月日
昭和58年6月21日生

「芸大狩り」なるものもはやっていた。地元の中学生ヤンキーが時おり、気の向くまま大阪芸大生をリンチして回るのだ。

嗚呼、なんと愛すべき母校。普通は社会と接点を持つことで頭のおかしい若者は少しずつリハビリを重ねていくものだが、周囲に何もない狭い世界に閉じ込められた我々は一切のリハビリも受けず、自由にのびのびと学び、特殊性を鍛え上げた。本当に素晴らしい大学だと、胸を張って高らかに叫びたい。言うまでもなく、これは本心だ。


（連載第2回　2018年5月14日号）

ファンキー

今年の二月に『ファンキー』というタイトルの短篇映画を撮った。

短篇映画は、長篇と違って無茶な冒険ができる。「多少ワケが分からなくてもどうせ十五分で終わる」という気分が作家を大胆に、ある意味では不遜《ふそん》にさせる。怖いものがないから自制心もなくなる。初期衝動に忠実に従い、やりたいことを思い切りやれる。頭はいつも以上にハイパーモードだ。今回の三日間の撮影でも、予算と時間の許す限り最大限のチャレンジを試みた。

まずスタジオにアパートのセットを建て、そこにドボドボと大量の水を注入していき、やがて天井まで水没させる。こういう表現はずっとやってみたかった。まるで『不思議の国のアリス』のようなファンタジーな世界観。『ファンキー』ではワケあって地球全体が水没してしまうため、主人公が部屋の中から屋外に泳いで出て、さらに街の中を泳いでいく、というすごく面白いシーンがある。

「あの、一体それの何が面白いんでしょうか」

そういう問い合わせは受け付けない。すでに書いた通り、こちらは大胆かつハイパーモードになっている。長篇映画であれば「そういうのは意味が分からないからやめておこう」と自粛するが、短篇映画の場合そうはならない。傲慢だが、やりたいことをとことんやる。本当にすいません。

毎日大量の水を使い、酸素ボンベを伴う水中での撮影もあり、それでいて走るバスの屋根の上で踊るというシーンもあり、とにかく撮影のスケジュールは極めてタイトであった。睡眠時間は三日間合わせて一時間に満たなかったし、海パン一丁で長時間冷たい水に浸かっていたため、「もう倒れます。すいません」という酷い気分がずっと続いていた。自信を持って言えるが、僕がこれまで経験した撮影現場で最も過酷なものだった。

いや、自分のことなどどうでもいい。ほとんど眠れなかったキャスト、スタッフの方々にこの場を借りて謝罪したい。本当にすいません。

こうして皆で頑張って作った映画が、『ウタモノガタリ－CINEMA FIGHTERS project－』というオムニバス映画の一篇として六月二十二日から全国公開される。全六本のうち『ファンキー』がトップバッターを飾る。一番槍を任されたことを純粋に喜んでいたのだが、主演の岩田剛典《たかのり》君に「作品の世界観が完全に振り切っちゃっているから、最初に入れるしかなかったんじゃないでしょうか」と冷静に分析された。確かにその通りだ。本当にすいません。

それでも『ファンキー』は自信作だ。圧倒的なエネルギーに満ちていると思うし、そう信じている。

（連載第8回　2018年6月25日号）

870910
2270

分からないこと

十代の時に読んだ小説や観た映画で、衝撃的だったのはやはり「分からない」ものだった。なぜこの人物はあの時あんな行動に出たのか。なぜあんなことを言ったのか。分からないからこそ想像し、時間が経っても繰り返し反芻するように考えた。

もっと幼い時、八歳か九歳の頃はテレビの恋愛ドラマをよく観ていた。大人の込み入った恋愛事情など子どもにはよく分からないが、だからこそゾクゾクと緊張して観ていたし、理解できない部分もあったが「やっぱり大人ってスゲェぜ」と何となく子ども心に感心していたものだ。

映画『カッコーの巣の上で』のラストシーンは、インディアンの男が主人公を殺し、精神科病院の窓を打ち破って延々と走っていく。最初理解できずに固まってしまった覚えがある。でも、凄まじいものを目撃しているのだという実感だけは確かにあった。強烈に心がかき乱され、名前のない涙が自然と溢れ出た。その時の圧倒的映画体験を二十年近く、いまだに僕は引きずっている。

最近映画を作っていると、「ここをもっと分かりやすくしてください」と言われる

ことがある。もちろんテレビドラマのほうがその傾向が強いのだが、映画にもある。

その理由は明確で、最近の世の中では、映画を観て意味が分からないと即座に「駄作」だと勘違いされてしまうからだ。人々が分からないことを極端に恐れているし、反芻して考えるクセも少なくなっているのは間違いがない。

では、「分かる」ことが本当にいいのか？　ただ分かるだけのことにどれだけの価値があるのだろうか。分かるものばかりが溢れていると、子どもは大人になりたがらなくなるよ、と思う。「やっぱり大人ってスゲェぜ」と子どもに思われない世界ってどうなのよ、と思う。おい大人、簡単に「分からない」とか言う前にもうちょっと見栄を張って頑張れよ、と思う。

そのようなことを日々考え、葛藤しながら僕は映画を作っている。決して「分からない映画」を作りたいわけではないのだ。

人間なんてそもそもからして分からない。分からないからこそ面白い。大前提としてそう思っているからこそ、いつも苦悩の海に溺れている。

これは余談ではあるが、以前テレビドラマの某プロデューサーが驚くような発言をしていた。

「視聴者はさ、そもそもが馬鹿なんだよ。頭悪いわけ。それに加えて家事をしたりスマホをいじりながらドラマを観ているからさ、奴らに合わせて分かりやすく作らなくちゃいけないの。インパクトさえあれば馬鹿は喜ぶんだから」と。

それを聞いて僕は意識が遠くなるほど愕然とした。視聴者というのは都合のいい名称であって、要するに僕も含めた人間全体がナメられているということに他ならないと感じた。人から不当にナメられると僕は大いにむかつく性分なのだが、皆さんはどうか？　むかつきはしないだろうか？

とても重要な話だと思うので、恥を忍んでチクリました。

（連載第19回　2018年9月17日号）

ダビング

一カ月間以上胃が痛い。母親は三十七歳の時に胃がんで死んでいるので、僕の寿命もせいぜいそのくらいだろうという気持ちで今まで生きてきた。ということは、あと二年だ。それは仕方がないからいいとしても、集中力が持続しないので痛いのは困る。胃薬を飲んでも治らない。たまに嘔吐もする。

映画の仕上げ作業の総決算とも言えるダビングに、であるから胃痛のまま臨んだ。ダビングとはビデオテープをしこしこコピーする作業のことではもちろんない。映画の中に入っているあらゆる音、台詞はもちろん音楽や小さな物音、環境音などの音のバランスを決め、一本化する作業だ。

大した作業ではないと思われる方もいるかもしれない。だが、このダビングが映画の良し悪しを決定する。

たとえば映画のクライマックスで「愛している」という台詞がある時、そこには他にどんな音があるべきか。感動的な音楽を入れるべきか、否か。敢えて音楽を入れずに静寂を作るか。はたまた蟬の鳴き声を入れるか、遠くのほうで車を一台走らせるか。こういった音の一つ一つ、あるいはそのボリュームで映画の情感が大きく変わってしまう。初見の観客は気がつかないかもしれないが、重要なのは「愛している」という台詞だけではないのだ。その他にある全ての音のバランスがあってこその「愛している」なのである。あるいは「愛している」と言う直前の呼吸や息遣いの音のボリュームこそが「愛している」の感動をより高める効果につながる。

映像の編集は二カ月以上前に終わっている。その段階では現場で録音した最低限の音しか付いていない。それなのにとても面白かった。だが、いろいろな音が付いてくるとゴージャスにはなるが、面白くなくなる。そういうことはままある。だからダビングは常に凄まじい恐怖が伴う作業だ。神経をすり減らして、細心の注意を払う必要がある。

七日間ダビング作業を行い、何度も何度もやり直して最終的に納得のいくものができた。少なくとも現時点の僕ではこれ以上のものはできない。そう思えるものができた。

考えれば考えるほど怖くなるが、少なくない人間の人生が映画にはかかっている。この映画を機に売れる人もいれば、落ちぶれる人もいる。散財する人だっている。だから監督である僕は、比喩ではなく死んでも仕方ないやぐらいの気持ちで映画を作っている。

ダビングが終了した翌日、朝起きて、苦笑した。嘘のように胃痛がなくなっていたのだ。

つまり、それほど悪くない人生だということだ。特大のプレッシャーと戯れるのは案外、楽しい。願わくば、二年といわずにもう少し映画を作りたいと、図々しいことも考えてしまう。

（連載第27回　２０１8年11月12日号）

三十五歳

気づけば三十五歳だ。

世界を変えられると本気で信じていた、純粋とも言えるし愚かとも言える二十代が終わり、いくらかの現実を知ってしまった三十代。

かつて持っていた熱情の何割かは、三十代を生きるために捨てざるを得なくなった。だからなのか、敗北感のような、恥ずかしさのような気分が常にまとわりついてくる。己の無知と無力とダメさを知るために今まで頑張って生きてきた。そんなような気が、しないでもない。

子どもができたり、マイホーム購入を考えたりして、必然的に人生の終着地点に思いを馳せるようになる三十代。これからどういう人生を生きていくか、大体のコースをイメージしてしまう。だから、ふと虚しくもなったりする。ほとんど自傷行為のように吸っていた煙草もやめた。いやはや人生が冒険ではなくなり始めたということか。

僕が好きな、たとえば『カッコーの巣の上で』という一九七五年の映画や、この映画を監督したミロス・フォアマンを知っている人は今、いったいこの国に何人いるのだろうか。今日道端ですれ違うほとんどの人は、たぶんこの映画の存在を知らない。監督の存在も知らないだろう。そして、知らない人はこれからどんどん増えていくだろうと思う。たかだか作られてから四十年ほどの時間しか経っていないのに、人々はすばらしい映画をみるみる忘れていく。

馬鹿みたいだが、そんなことを引き合いに出して、人生にはそれほど意味がないのだと考え始めるようになった。いや、四方八方から迫りくる責任に押し潰されないために、人生にはそれほど意味がないのだと思いたいに違いない三十代。

きっと今僕が死んだら、訃報がちらほらネットニュースに載るのではないかと思う。

載らなかったら恥ずかしいが、載らなくても別段不幸ではない。それが判明する時

J2
J3
K3

には、僕はもう死んでいる。それよりインターネットに載る訃報の数は、果たして人生の価値と等しいのだろうか。そんなものかね人生は。へー、だったらかなりくだらないね。とか何とか、人生というものについてだらだらと考えている。まるで十代みたい。いや、それ以上に激しく悩んでいる三十代。

痩せ我慢でもなんでもない。悩みは、あればあるだけいい。悩みをしこたま抱えているからこそ、おそろしいほど楽しくて痛快で愉快な映画を作れるのではないか。人生とか人間を心の底から面白がれるような、そんな映画を作ることができるのではないか。

苦悩しながら、同時にガッツリ期待している三十代。ちなみに体力は、順調にどんどん低下しつつある三十代。

（連載第42回　2019年3月4日号）

脚本

脚本執筆期間は地獄だ。誰も助けてくれないから、一人で延々と悶々として、ただただ苦しむ他ない。

脚本を書き終えて撮影現場に行けば、スタッフや出演者たちがいろいろなアイデアを出してくれる。みんなで悩み、みんなで力を出し合う。体力的には厳しいが、この作業こそが映画という集団制作の醍醐味と言える。

でも脚本は地獄だ。狭い書斎でただひとり、悶々としながらパソコンに向かうと、気持ち悪くなってくる。煙草はやめたし、コーヒーを飲みすぎると気持ち悪くなるから、ガムを噛む。でもガムだって、ずっと噛んでいると気持ち悪くなる。噛まなくても気持ち悪くなる。

脚本とは、撮影現場で多くの人間が共有する設計図のようなもので、それそのものが完成形ではない。脚本の答えは映画が完成した時にしか分からない。つまり書斎の中では、書いても書いても確実にゴールにたどり着かないのだ。それでも撮影現場で少しでも良いものを撮るために、頑張って書くしかない。

つまり、ただの地獄なのだ。

そんな中、不思議と蘇《よみがえ》ってきた記憶がある。

小学四年生の頃、マッキーという友人のお父さんが自宅の玄関の上がり框《かまち》のところで、特大のウンコを漏らしてしまった。どうやらその日は飲みすぎて、家に着いた途端に特大のウンコを漏らしてしまったらしい。

その翌日、マッキーの家に遊びに行った僕は玄関に敷かれた新聞紙を見ておぞましい気分になった。

これまで一度たりとも思い返したことのないこのような出来事を思い出した理由は、脚本を書きながら、己の心の内奥に手を突っ込んでグリグリまさぐって何かを探しているからだと思う。

僕の記憶の中で「ただ特大のウンコを漏らした元ヤンの人」でしかなかったマッキーのお父さんに、この際だから思いを馳せてみる。彼という人間をなるべく深く想像してみる。ウンコを漏らすまでの時間の流れ。その時の心情。表情。あるいは彼の生い立ち。ヤンキー時代の武勇伝。彼がとても大切にしていたもの。息子であるマッキーのことを愛していたかどうか。

マッキーのお父さんにとって、特大のウンコを漏らした翌日の朝は、一体どんな朝だったのだろう。どのような景色がそこにはあったのだろう。

彼のことを半日ずっと考え、思い、想像して、つまりは時間をめちゃくちゃ無駄に

して、最終的にある結論にたどり着いた。

結局脚本を書くとは、いつまでたっても答えの出ない人間や人生というものに向き合って、必死になって考え、想像し続けることだ。

終わりはないし、答えもない。

もちろんマッキーのお父さんのエピソードを映画で使うことはないが、彼の人生を思った時間は、たぶんそれほど無駄ではなかったと思う。


（連載第44回　2019年3月18日号）

おにぎり

この連載の最終回に何を書こうか考えていたところ、ふと二〇一五年に撮った『おかしの家』（TBS系）という連続ドラマのことを思い出した。

この作品を撮っている時に、初めて「監督になって良かった」と思えた、いい思い出がある。

もはや超有名人であるが、フードスタイリストの飯島奈美さんが食事シーンの料理

さくらや

を作ってくれていた。撮影ではあらゆるトラブルを想定するので、必要な分より少し多めに準備してくれる。これは飯島さんの愛情だと思うのだが、撮影で使わなかった分の料理をいつもスタッフたちにお裾分けしてくれる。

これが本当に美味《うま》い。見栄えがするだけでなく、味が最高なのだ。味は本来映像に映らないが、実際に食べている俳優の表情が「マジで美味い」と物語るから、結果的に作品の力になる。

おにぎりからして美味い。ふわふわで、塩味が適度に利いている。煮物もぬか漬けも全部美味い。

でも、お裾分けとして残してくれたおにぎりを監督が我先に食べるのは申し訳ない。走り回って疲れているスタッフが優先的に食べるべきなのだ。だから我慢し、手をつけないでいた。

ある日、若い女性プロデューサーがこっそり近づいてきて、「監督の分のおにぎりをひとつキープしています」と言った。「いや、それはダメです」と僕は反射的に答えた。「いえ、でもキープしてあります。もし監督が食べないなら、私が食べますから」とプロデューサーは続けた。「ダメです。大体なぜ僕の分のおにぎりをキープしようと思ったんですか？」と質問したところ、彼女はこう答えた。

「だって監督だから」

そのシンプルで鮮やかな答えを聞いた瞬間、僕は思ったのだ。ああ監督になって良かったと。

頭がどうにかなってしまうほど美味いおにぎりを食べながら、「頑張ってきてよかった」と思った。自分のことを少し好きになりそうな気さえした。

わりと静謐《せいひつ》で真面目な作品だが、『おかしの家』の第六話と第七話にはへんてこな天使が登場する。胸毛が生えているオジサン天使で、先端が星形になったスティックを持っている。あまりにも唐突な天使の登場に視聴者から「脚本家は病気ですか？」と問い合わせがあったほどだ。

次に撮る映画で、この天使をもう一度やってみようと考えている。是非もう一度、納得するまで天使というものを表現してみたい。

なぜなら、今は起こるはずのないことが起こる時代だから。天使がオジサンでも、何もおかしくはない。

誌面が尽きた。残された人生の中で、いつの日か、あのおにぎりのような作品を作ればいいなと思っている。

（連載最終回　2019年4月1日号）

第二部●二〇二〇年

海外挑戦

思えば最初に長篇映画を撮ったのは二〇〇五年、二十一歳の時だ。大学の卒業制作として、高価な十六ミリフィルムを使って四百万円をかき集めて撮った（フィルムと現像代で二百七十万円ぐらいかかった）。その時は大いにもがき苦しんだのを覚えている。とにかくこの作品で世に打って出る、という気概に満ち溢れていた。もしこの試みが失敗すれば、就職活動などまるでしていない僕たちの未来が台無しになる。信じられないほどのプレッシャーにさいなまれ、関係者はみんな、およそ規定事項のようにしっかりと血尿や血便を出したはずだ。当時はデフレ真っ只中で、六十五円のハンバーガーで腹を満たしていたスタッフの一人が体を壊して入院する羽目になったが、労りの言葉一つかけてやれないほど、誰もが精神的に追い込まれていた。

制作資金を稼ぐために大阪・西成のビデオ試写室で時給七百円のアルバイトをして、幸か不幸かそのいかがわしい店のレジ越しの眺めが僕の青春を象徴する景色となった。なにせ映画作りのことなどまるで分からないし、社会性もないし、もちろん当時は誰からも認められなかったし、俳優を探している際、へんな偉そうな芸能プロダクションのオジサンに「お前みたいな才能のない奴の映画に出る馬鹿はいない」と口汚く罵られもした。僕は卑屈に笑い、「それでもお願いしますよ」と懇願したことを今も覚えている。なにせこちとら人生を賭して一大勝負に出ているのだから、下卑た薄ら笑いの一つや二つなら喜んで浮かべられた。要は、必死だったのだ。とにかくあらゆる人にゴミのように扱われたし、汚物を見るような目で見られもした（これは恨みつらみをここで書くことで発散しようとしているわけではなく、ただの事実として書いている）。若き表現者がまず闘うのは、己の怠惰と、世間の冷たい眼差しなのだ。

商業映画としてのデビュー作は二〇〇九年、二十五歳の時。それまでの自主映画時代のスタイルがプロのやり方とはまるで違っていて、心身共にボロボロになった。要するに、僕が「面白い」と考えていることが誰にも伝わらず、理解されなかったのだ（あるいは若さ故、理解されないと思い込んでいたのかもしれない）。文字通りの悪夢を毎晩見て、冗談ではなく夢遊病のような症状も出た。当時現場で使っていた決定稿（脚本）の一ページ目の余白には、自分で書いた角張った字のメモが今も残されている。「今に見てろ。黙らせてやる」と書いてある。誰を黙らせたかったのは書かれていないが、恐らく世界全体に勝負を挑むような、そんな前のめりの気分だったのだと思う。若き日の僕は、それを書かなければ自分が保てなくなるほど苦しんでいた。ただし一応言っておきたいのだが、今となってはそういう書き込みをしてしまうようなゴリゴリとした若者は個人的にあまり好みではない。好戦的過ぎる若者は面倒臭いし、若干NGだ（ある程度僕も歳を重ね、守旧派に回ってしまったということだと思う）。

今回、二〇二〇年に韓国で撮った海外初挑戦映画も、デビュー作と同じような苦しみ、いやそれ以上のものがあった。不慣れな状況で映画を作るのはいつも困難だということだ。しかも今回は言葉も通じないし、コミュニケーションを取るのがすこぶる難しかったから。必死にもがきあぐねた。

しかしながら、考えてみればその難しさを求めたが故にこの映画を作ろうと決めたはずだったのだ。デビューして十年、何となく映画作りに慣れてきて、ちゃっかりと上手くやれてきてしまっている状況がマズイと思えてきた。「ああ、そういう場合はこうしましょうよ」などと偉そうに過去の経験則を引っ張り出してきて、なるべく楽チンに仕事をするようになっていく己の醜態が耐えられなくなってきた。経験則を引っ張り出せば出すほど、自分の過去に満足するフリをしなければいけなくなる。初めて撮った映画や、商業デビュー作の時のように命を削りながらボロ雑巾のようになるまでの思いをしないと、医者や農家の方々のように社会にとって絶対に必要な仕事をしているわけではない身として、申し訳が立たないではないか。

三十歳を過ぎたあたりから、映画と楽しげに戯れるだけで、映画と格闘していないのではないか。次第にそう不安に思うようになっていた。

人生には様々な醍醐味があるだろうが、やはり「腕試し」こそが最もスリリングで至上のものだと僕は思う。自分という(どうしようもない)人間がどこまで世界に通用するか。それを知りたいし、何ならそれに賭けてみたい。せっかく生まれてきたわけだし、映画という国境を軽々と飛び越えられる可能性を秘めた仕事をしているのだから、やはりどうしても腕試しがしてみたかった。

話は多少、いや、かなり逸れるが、僕が小学五年生の時、野茂《のも》英雄さんがメジャーリーグ挑戦のために海を渡った。野茂さんのあのほとんど感情を表に出さない感じ、それでいてバッタバッタとメジャーリーガーたちから三振を奪っていく姿に日本中の子どもたちがシビレにシビレた。今となって思えば、野茂さんの海外挑戦には、大半の青少年がシビれるに決まっている司馬遼太郎著『竜馬がゆく』（文春文庫）や沢木耕太郎著『深夜特急』（新潮文庫）と同じ種類のロマンがあったと思う。つまり、野茂さんのメジャーリーグ挑戦は冒険であり旅だったのではないか。世は既に幕末でもないし、グローバル化もしている。『深夜特急』のような旅がしづらい現代における壮大な旅のニュータイプを僕たちは野茂さんに見出したのではないかと思うわけだ。

以降、イチロー選手や中田英寿《ひでとし》選手、小野伸二選手など数々のスポーツ選手が海を渡った。不思議だったのは、海外で活躍できる選手とそうではない選手がいたことだ。ちなみにこれは人間というものを考える上での、僕の個人的研究課題のひとつでもある。当時から、単純に技術や実力、肉体的な問題だけではないだろうと想像していた。よく言われるように「言葉の問題」もあるかもしれない。たとえば同僚の選手や監督と直接会話ができないということは、信頼関係の問題に直結してしまうから。

どんな仕事をどこでやるにしても、やはり仲間から信頼されていないとなかなか実力を発揮しづらいのは間違いがない。しかしながら一方で言葉だけの問題でもないだろうと思うのだ。

海外の作品に多数出演している俳優のオダギリジョーさんに「言葉の問題」を質問したところ、むしろ分からないほうが煩わしいあれやこれやを気にしないで済む、というようなことをおっしゃっていた。仕事の種類にもよるとは思うが、僕もオダギリさんと同意見で、だから「言葉の問題」は要するに「言葉を完璧に理解し合える」ことが全てではないと考える。

このあたりも人間というものの複雑な面白さが見え隠れするのだが、そもそも言葉が理解できるから人間が理解できる、という考え自体が傲慢なのだ。だったら同じ言語を持つ日本人同士なら誰もがすぐに分かり合えるのか。そんなワケはない。

いずれにしても、自分がどうなってしまうかまるで分からないからこそ冒険をしてみたい。僕も例に漏れず少年時代から「海外挑戦」には強い憧れとロマンを感じていたわけだ。

卒業制作

前述した大学の卒業制作である映画は、主に欧米の観客を意識して作った。これは海外挑戦とは違った意味合いで、欧米でウケればプロの道が開けると信じ込んでいたからだ。補足の説明になるが、二〇二〇年の今と二〇〇五年当時の価値観には、少し乖離《かいり》がある。当時は、今よりもさらに「欧米で評価される映画こそ素晴らしい」という価値観や風潮が世間一般にあった。無名かつ技術や資金のないただの学生映画で目立つためには、海外で評価されるしかないと若き日の僕は結論づけたのだ。今考えると恐ろしいほど極端な考え方だが、当時二十歳か二十一歳の僕は目をバッキバキにしながらその考えを信じ込み、友人たちを巻き込みながらオラオラと扇動していたのだろうと思う。

映画のタイトルはわりと早い段階で決まっていた。『剥き出しにっぽん』というタイトルだ。おそらくインドを放浪している時に、目をバッキバキにしながら剥き出しの状態で生きるインド人たちを見て、自国である日本というものの嘘のない剥き出しの姿を見てみたくなったのだ。気取りや欺瞞《ぎまん》を全部ひっぺ返して、最後に残る日本人の本質を探る映画。もちろんこれは僕の個人的研究課題から出立したテーマであると同時に、明らかに海外を意識したものでもある。日本のクソガキが傲慢かつ不遜に「日本論」をやろうとしている。そういうウケを同時に狙っていた。

要は信じられないほど狡猾で気持ちの悪いガキだったのだ。

この映画は、日本最大の自主映画の映画祭、ぴあフィルムフェスティバル（PFF）でグランプリと音楽賞（TOKYO FM賞）を受賞し、いくつかの海外映画祭に出品され、最終的に僕はアジア・フィルム・アワードで「アジアで最も期待できる若手に贈られる」というアジア新人監督大賞を受賞した。

当時二十四歳だった僕は、最悪なことに「ある程度狙い通りだぜ」ぐらいにほくそ笑んだのだろうが、今思えば、それは狙いがズバリ当たったわけでは決してなくて、ただ単純に気合が入っていたから良い結果を生んだまでだ、と思う。僕の稚拙な目論見が完璧に思い通りになったわけではもちろんないし、そんなに上手くいくはずもあるまい。

ただし冷静に分析すれば、作品としての出来は別として、やはり異様なほどのエネルギーがこの映画には漲《みなぎ》っている。現に、この映画のためにアルバイトをしまくって僕は百万円を稼いだ。仲間の三人も百万円ずつ稼いだ。一本の映画のために二年以上の時間をかけて考え続け、十冊以上の大学ノートにビッシリとあれやこれやを書き込んだ。自分が持っている能力や経験を全てフィルムに焼き付けるために、とにかくでき得る限りのことをした。その努力の総量で言えば、おそらくあれ以上ができる二十歳そこその学生が他にいるとは思えない。なにせ、ぴあフィルムフェスティバルでグランプリを受賞した後のスピーチの内容さえ事前に考えていたぐらいだから。要するに、狂っていた。もう一度言っておきたいのだが、今となってはそういうゴリゴリとした若者は個人的にあまり好みではない。NGだ。汚いとさえ思う。それでも合コンやスノボーなどあらゆる大学生活の楽しみを一切放棄してまで映画に打ち込んだことだけは確かだ。仲間に彼女ができた時は、僻みでも妬みでもなく、本心でこう言った。「いいか、ブスと付き合う暇があったら勉強しろ」と。これは人類が考え得る限り最も酷い発言だが、かつての己を弁護するなら、そういう態度でしか生きられなかった。プロとして映画を作るという狭き門をくぐり抜けるには、生半可な気持ちでは土台無理だと確信していた。野茂さんの姿を見て育った人間だから、きっとそのことを知っていたのだと思う。

学生の頃の話だが、先輩の卒業制作映画を手伝うためにアパートの駐車場で発泡スチロールのデカい馬を赤く塗装していた（にわかに情景を想像するのは難しいと思うが、この本に度々出てくる内堀という男と一緒だった）。そこで、たまたま通りかかった六十歳ぐらいのオジサンに絡まれた。

お前ら、何してるんだ？
馬を赤く塗ってます。
見れば分かる。何故だ？
必要だからです。
そんなものは必要じゃない。
そうでしょうか……。
お前ら学生か？
そうです。

そんなことしてるなら戦え。
は?
国に不満はないのか?
まあ、少しは。あるにはありますが。
それなら戦え。
学生運動ってことですか?
そうだ。戦え。
いや、でも……。
馬を赤く塗るぐらいなら戦え。

このようなやり取りだったと記憶している。学生運動世代のオジサンからしたら馬を赤く塗っている大学生が気に入らなかったのだと思うが、当時の大阪芸大映像学科長だった中島貞夫監督に言わせれば、大学生の卒業制作は「世界に対する一番最初の所信表明」なのだ。誰に頼まれたわけでもないのに敢然と立ち上がり、ガキがガキなりに世界へ向けて本気で叫ぶことに、果たして少しの意味もないと断言できるのだろうか。
僕はそうは思わない。よくよく考えればオジサンに絡まれる筋合いなどまるでなかった。正々堂々と名前を出した上での、責任を背負い込む覚悟のある咆哮が学生映画だと思うし、その一点において未だに僕は意義とシンパシーを感じている。SNSでの発信とはまるで重みが違うのだ。技術という武器を持たない丸腰の若者の闘いの結果物には信じられないほどのきらめきがあるに決まっている。本心から思うが、社会はもっと若者の自主映画に関心を持つべきだと思う。当たり前だが、社会に対する最もホヤホヤの切実な問題意識がそこにはあるはずだから（無ければ、逆に問題だと思う）。

こぼれ話としては、僕たちの卒業制作は当初まるで違うストーリーだった。タイトルは『剥き出しにっぽん』のままだが、太平洋戦争中に祖父が大砲を自宅の納屋に隠して（うろ覚えだが、実際にそのような話があったと聞いた記憶がある）、主人公である高校卒業直後の孫がその大砲を持ち出し、弾を撃ち込む場所を探して回る、という話だった。どこに撃てば、このくだらない人生とオサラバできるか、どうしようもない社会を変えられるか、それを探し回るのだ。最終的に、どこに大砲を撃っても無駄だと気づき、在日米軍基地に大砲を発射する、という話だった。発想としては悪くないが、やらなくて良かった。

結局敵の姿が見えず、どうすることもできずにただ諦めていくしかないのだという若者の気分、現実を描こうとしていたのだ。そういう気分は今も持っているが、当然当時のそれよりは鮮やかではないし、生々しくもない。

ちなみにプロデビュー作である『川の底からこんにちは』は、当初は三十九歳のグラビアアイドルの話だった。垂れ始めた己の肉体を曝け出し、それでも「全部撮りなさい！」と叫ぶ女の情念。周囲はほとほと呆れ果てているが、女にはグラビアアイドルに執着する理由があった……。開き直った女性の凄みがテーマになっているという点では完成品と同じだが、内容には紆余曲折があった。これも発想としては悪くないが、やはりやらなくて良かった。

ただし、今も手元に残っているそれらの脚本の原型を読み返すと、もはやオジサンになってしまった今の感性では逆立ちしても書けない傲慢不遜のエネルギーに満ちていて、嫉妬さえする。そういうものはもう一生書けないだろうと思う。若いということは、それだけで特別な才能なのだ。

作品紹介

剥き出しにっぽん

91分／16mm／2005

情緒不安定でマッチョ主義者で女々しくてお爺ちゃん子の青年・小松太郎は高校卒業後、何を思ったか突然自給自足の生活をしていくことを決意。大好きな洋子ちゃんを誘って一緒に行こうとするが、そこに何故かリストラされた父親もついてくることに……。
こうして三人は、ボロボロの廃屋と不毛な畑の中で、奇妙な共同生活を始めることになる。

ぴあフィルムフェスティバル2007 グランプリ＆音楽賞
第26回バンクーバー国際映画祭 ドラゴン&タイガー・ヤングシネマ・アワード部門
第37回ロッテルダム国際映画祭
第32回香港国際映画祭
第10回バルセロナ・アジア映画祭
第10回台北映画祭
第14回サラエボ映画祭
劇場公開（2008年5月31日）

プロデビュー

大阪芸大で四年間過ごした後、日大の大学院に二年間通った。つまり六年間みっちりと映像の勉強をしたはずなのだが、どこをどうして間違えたのか、残念ながらプロになるまでカットバックという言葉すら知らなかった。というか、映画作りの専門的な知識は当時ほとんどなかったし、多分だが、今もない。

まず真っ先に言い訳をしたいのだが、育った環境のせいでインターネットというものを知ったのは二十歳を過ぎてからだ。情報という情報に疎く、大学に入るまで映画のことなどまるで知らなかったのだ。というか、逆に知っている人を軽蔑さえしていた。十代でフランソワ・トリュフォーの技法について偉そうに語るような学生に、お前今まで何やってきたんだ馬鹿と悪態をつくことさえあった。十代でしっかりと持つべき反骨精神さえ持たず、映画ばかり観ているからお前はどっちらけなんだと、無闇に人を傷つけたことも一度や二度ではない。

嗚呼、後悔と罪悪感を胸に、話を元に戻します。

カットバックとは、たとえば向かい合って話す二人の俳優のアップをそれぞれ撮ることを言う。その二つの素材を編集でつなぎ合わせると、あら不思議、二人が向かい合って会話しているように見えるのだ。プロの現場では主に、実際に二人の俳優が会話をして、それを撮影していく。が、自主映画時代はこのカットバックという名称はもとよりやり方すら知らなかったので、極めて自己流のやり方を貫いていた。現場では、実際に俳優二人が向かい合わず、一人ずつ単独で撮影していた。つまり相手の台詞を想定して、会話をするフリをする。それぞれ一人芝居をやってもらうのだ。当時は俳優と言ってもほとんどが単なる「近場にいる面白い友達」だから、「俺がやってみせるから、その通りにやって」とお願いしてやってもらっていた。友達の気持ちなど露も考えずに、やりたい放題やっていたということだ。

あらゆるやり方が自己流だったので、初めてのプロの現場では、俳優にもスタッフにもご面倒をおかけしたと思う。だから、『川の底からこんにちは』の現場で少しずついわゆる一般的な映画の撮り方を学んでいったのだ。

とても勉強になった一方で、このことの功罪はあると思うのだ。若者のオリジナリティを無邪気に矯正していいものかどうか、という問題だ。映画は本来自由なもので、「一般的なやり方」もクソもないはずだ。

今となっては僕はもうオジサンだが、瑞々しい若手俳優や若いスタッフと仕事する機会も多々あるので、このこともまた僕の個人的研究課題のひとつとして考え続けている。オリジナリティを野放しにするべきか、ある程度矯正するべきか。いずれにしても吃驚仰天《びっくり》するような、呆れるほどの自由を若い人に教えてもらいたいと僕は常日頃思っている。それは、映画にとって必ず大きな力になるはずだから。

映画とは何か

本当はいつまでもぼやかしておきたいのだが、好むと好まざるとに関わらず映画を職業としている以上、「映画とは何か」という問題からは逃れられまい。僕も日々考え続けているのだが、正直に言えばなかなか適当な答えが見つからない。八十歳を超えた黒澤明さんがアカデミー賞で「まだ映画のことがわからない」とスピーチされた例を挙げるまでもなく、映画とは実に摩訶《まか》不思議なもので、知れば知るほど分からなくなる。

ただし観客の目線としてなら、割と簡単に無邪気に映画というものの概念を答えられる。

少年期に映画を貪るように観たわけではないし、ましてやシネフィル（編集部注：映画通・映画狂）でもないし、ビデオ全盛の時代に育っているから偉そうなことは言えないのだが、やはり映画の醍醐味は映画館にこそあるのだと思う。あの特殊な暗闇の中で、何らかの光を見つけること。これが映画の本質だと信じて疑わない。暗闇の中で二時間じっくりと他者を見つめること。あるいはその他者の人生を見つめること。他者の気持ちや心を想像すること。効率第一の資本主義社会にあって、暗闇の中でじっくり他者を見つめる行為は明らかにモダンから逆行していると思う。「無駄だ」「非効率だ」「意味がない」「カネにならない」と一蹴されかねない。だが、他者への眼差しと想像力よりも重要なものが果たしてあるだろうか。経済とか政治とか、そんなもの以前の人間の基本的な態度、生き方における極めて重大な話だ。他者を見つめることは、同時に自分自身を見つめることに他ならない。映画を観ながら、そうして心が動かされ、何らかの発見をする。発見はどんなに小さいものであっても、いつでも大きな喜びだ。

言うまでもなく昨今は映画、映像業界の地殻変動が起きていて、配信などのあらゆる形で映画（映像作品）を観られる時代になってきた。作品を観てもらえる機会が増えるのは作り手としては単純にとても喜ばしい。劇場用に細やかな音声を設計しているので欲を言えば映画館で作品を鑑賞してもらうのがベストだが、かく言う僕とて、小さい頃からビデオをよく観ていた。中学の時は、家族が寝静まった深夜にごそごそと起き出し、リビングを真っ暗にしてチャップリンなどの映画を観たのだが、あれも強烈な映画体験のひとつだった。「なるべく早く寝て深夜に起きる」という映画鑑賞への強い意志がさらに記憶を彩っているのだろう。鑑賞に弊害がなくなり、便利になればなるほど、当たり前だが作品の価値は自ずと低下する。「みんなで少しずつ協力し合いながら、作品、ひいては人間自体の価値を貶《おとし》めていっているのが現代」であることに間違いはないが、ぶつぶつ言っていても仕方がない。

時たま見かける文学などとの比較論として、映画は文学と違って想像力を刺激しないから下等だ、というようなものがある。三島由紀夫さんもそのようなことを書いていたと記憶している。天下の三島さんが言うのだから、ある程度は間違いがないのだろうと思う。確かに文学には、言葉から映像やイメージを想像する余地と面白さがある。それはその通りだ。ただし、映画には人間の表情や姿、風景からその感情を想像するという醍醐味がある。言葉に置き換えられる感情ではなく、時には言葉になりえないようなものまで映画では表現できる。より感覚的に、人間の心の動きや魂の叫びを想像し、感じ取ることができる。つまりこれだってなかなかにして高尚な想像だろうと思う。

『カッコーの巣の上で』で、隔離病棟で暮らす精神病患者たちがボートを盗んで海へと向かうシーンがある。隔離されていた鬱屈とした世界から一転、はるかなる大海原へ。沖を目指すボートと、それに乗っている嬉しそうな患者たちの姿。自由を望む人間たちの生命力に圧倒される。この映像を前にすれば、全てのくだらない言葉はひれ伏すだろう。そこにいる人間の迫力に、あらゆる言葉が敵わないのだ。これぞ映画、というシーンだと僕は思う。

だから「嬉しい」とか「悲しい」とか、簡単に言葉で説明できてしまう映画にはあまり興味を持てない。人間の気迫とか精神とか魂が、映像から透けて見えてこなければつまらない。それと、ユーモアのない映画もかなりしんどい（愛の眼差しで人間を見つめなければ発生しないものがユーモアで、それ以外の笑いが冗談）。

もちろん何も考えずに観られる映画の価値だってあるにはある。でもそういうものは、暇潰しにこそなれど、自分の人生にほとんど関わりがない。

もちろんこれは前述した通り「観客の目線として」の映画観だ。映画監督の立場では、「甘っちょろい映画はクズだ」などと軽率に言えない。断じて言えない。映画には、いろいろな種類の面白さがある。

これが高尚なのだと勝手に自分の価値観を押し付けるような映画ばかり作っていても、観客に観てもらえなければ意味がない。そう、いくつも抱えている個人的研究課題の中で、これこそが最大のものだろうと思う。つまり、映画の価値はどこにあるのか。多くの人が観るもので、商業的に成功するものが良いのか。むしろ芸術的な深度や表現としての新しさが重要なのか。この「商業性と芸術性のバランス」こそが最も大きな悩みどころで、おそらく世界中の映画監督、あるいはそれ以外の表現者もみんな常にこのことに悩んでいるのではないかと想像する。まあ、今さら蒸し返すなよ、分かりきってるぜそんなことは、という類いの話ではあるのだが……。

商業性と芸術性のバランス

ただし見方を変えれば、そのバランスとやらは、悩んでいるフリだけして実は答えは既に決まっているようにも感じるのだ。個々人の人生観によって、商業性と芸術性のバランスは自動決定的に決まっていくものではないだろうかと最近では思うようになってきた。意味があるのかはさて置き、しばらくこの答えなき思索を続けてみよう。

個人的に注目しているのは、表現者の幼少期における孤独だ。「自分が考えていることをみんなに伝えたい」という表現欲は、人間が皆根源的に持っているものだと思うが、それを貫徹して職業にしてしまう人はかなりエゴイスティックな一面を持っているに決まっている。極端に一括りにしてしまえば、表現欲の出発点は孤独であり愛の渇望だ。幼い子どもは「見て見て」と親の注意を引こうとするが、表現はその延長線上にしかあり得ないと僕は考える。結局、寂しかったし、愛が足りなかったのだ。そういう欠落を埋め合わせるために、人は表現を志す。果たしてこれ以外のパターンがあるのか、あるなら教えてほしいぐらいだ。そう思うに至ったきっかけは、ジョン・レノンとポール・マッカートニーが二人とも子どもの頃に母親を亡くしていることを知ったからだ。

足りない愛を埋め合わせるために、たとえばある一人の強い愛を求めるか、それとも大勢の愛を求めるか。そこにはきっと個人的な差があると思う。根源的な欠落が、たとえば「モテたい」とか「有名になりたい」、「いい車に乗りたい」に派生するか、あるいはまったく別のものになるか。要は頭で考えるまでもなく、志向しているそのバランスは個人の資質によるもので、あらかじめ大体決まっていると僕は思っている。

予算や商業性などを度外視して、とにかく自分が納得できる映画しか撮らない友人の監督がいる。自分の映画の観客が少ない現実を彼はしっかりと理解しているし、それによってお金を稼げないことも理解している。だが彼にとっては、「妥協するぐらいなら死んだほうがマシ」なのだ。彼の話はとにかくいつでも熱い。撮りたい映画の構想が常にいくつも頭の中を駆け巡っている。でも、なかなか実現しない。それをビジネスだとして出資する人が少ないからだ。

僕は彼のような生き方に強烈に憧れ、焦がれる。羨望する。だから多分、僕は分類すればやや商業性を志向するグループに属しているのだと思う。彼のように生きたいと願っている時点で彼のようにはなれないし、志向するものがやや違うということだろう。

ヘンテコな天使

二〇一七年、「韓国で映画を撮らないか」という話が来た。『ぼくたちの家族』のプロデューサーでもあった永井拓郎さんが韓国のプロデューサーと共同で制作しようという試みだった。これには比喩ではなく飛びついた。念願の海外での映画制作だ。しかも、韓国は近い！（当時はヘビースモーカーだったので、飛行時間をとても気にしていた。通常、六時間が限度だった）

これまで数多くの海外映画祭に参加した感触で言うと、韓国や中国、台湾や香港などの東アジアの国々にはあらゆる文化的近似性を感じていたし、感覚的なシンパシーも抱いていた。特に韓国は、アジア最大級の規模を誇る釜山《ブサン》国際映画祭にこれまで何度も参加していて、二〇一四年には審査員もやっている。ついでに言えば自作の『舟を編む』と『ぼくたちの家族』『映画　夜空はいつでも最高密度の青色だ』も韓国で劇場公開されている。あらゆる観点から見ても、これはチャンスだと思った。

その後大いなる苦悩を味わうことになるのだが、この時はまだ知る由もなかった。

その前年である二〇一六年に『映画　夜空はいつでも最高密度の青色だ』を撮り、それまでに長らく試みてきた日本論のアプローチに一区切りついたと考えた。逆説的になるが、もっと広い目で日本という国を捉えるためにも海外で映画を作ってみたかった。外に出たほうが、自国を対象化して見られると考えていたからだ。それに、普段とは違う状況に身を置ければ、己の資質の特徴が際立って見えてくるのではないかと期待もした。

当時三十四歳。バリバリの喫煙者だったが肉体的には絶頂を迎えていた。何も怖くなかったし、海外挑戦をして失敗し、二、三年食いっぱぐれても「知ったことか」と言える程に自信に溢れていた。要するにこれは商業映画としてキッチリ撮る類いのものではなく、自分の人生、存在意義を賭けてやるべき企画だと思ったのだ。

おそらく二カ月ほどの時間をかけて『アジアの天使』というタイトルのプロットを

書いた。当時の僕の頭の中は、「海外でやるのだから絶対にディフェンシブにはなるまい」という強い思いが支配していた。二〇一五年にTBSで作った『おかしの家』という全十話のテレビドラマで、その内の二話のみ天使のエピソードが唐突に出てくる。「出てくる」と言うか僕が脚本を書いて撮ったのだが、これをどこかでもう一度しっかりやりたいとずっと思っていた。

半裸で髭面で、変態に見えなくもないオジサン天使がいて、それに首を噛まれると翌日から「天使の声」が出てしまう、という異色のエピソードだ。天使の声とはつまりソプラノの超ハイトーンボイスなのだが、このエピソードが『おかしの家』というドラマのハートウォーミングな世界観の中で唐突に出てくる。

今でこそ暴露できるが、『おかしの家』の第六話と第七話でこの天使のエピソードを脚本に書いた際、もちろんプロデューサーに即刻止められた。「意味が分からないのでやめてください」と真顔で言われた。そりゃそうだ。意味など考え始めたら、僕にだって分からない。信頼するスタッフからも「石井、俺はお前のそういうところが理解できないんだ」とマジの説教を頂戴した。

それでも僕は疑問に思うのだ。では何故ゾンビに噛まれたらゾンビになる、という意味の分からないルールはみんなすんなり受け入れられるのか、と。結局、大いに意地悪な見方をすれば、ルールが既成事実化されていればみんな何も考えずに楽しめるのだ。ゾンビ映画を観ながら、「何故ゾンビは頭を撃てば死ぬのだろうか。理に適っていない」などとは考えないはずだ。にもかかわらず天使が人を噛むことは何故か受け入れられない。人はそれぞれの許容範囲を拵えて、その中で安全に過ごそうとするものだが、硬直した価値観に揺さぶりをかけることも表現における重要な試みのはずだ。その程度のささやかで新しい刺激がテレビドラマにあってもいい。

天使という存在をいつも都合のいい時だけ持ち出す人間の心理にも強い興味を持っている。「君は天使のようだ」とか「天使の歌声」だとか、実際に天使を見たこともないくせに勝手にそう形容する。もしかしたら天使はオジサンかもしれないとか、噛むかもしれないとか、醜いかもしれないけどそれはそれで仕方ないとか、そういう想像や思いやりは一切ない。鬼を凶悪で怖いものだと人間が決めつけているのと同じで、天使とは勝手に高貴で美しくて純真だと決めつけられている、ある意味でかわいそうな存在なのだ。つまり天使とは、疑う余地なく人間の身勝手さそのものを象徴している。

何はともあれ、『おかしの家』というテレビドラマで「人間を噛む天使」を唐突に登場させたのは、要するにテレビドラマの視聴者の心を揺さぶってみたかったからだ。これは、僕なりの大真面目の問題提起だった。

放送後の反響は少なからずあった。「視聴率が悪いから脚本家が狂った」とか「あたたかい世界観が台無しになった」とかいろいろな批判も頂戴したが、およそテレビでは観られない代物を観たと感じてくれた方々もいただろうし、僕個人としてはやってよかったと思っている。思えばあらゆる人から「天使はやめろ」と言われたにもかかわらず、実際に実現できたのは主演のオダギリジョーさんのおかげだ。彼だけが「天使の回をやるためにこのドラマのオファーを受けたと言っても過言ではない」と言ってくれた。オダギリさんのチャレンジ精神にはいつも舌を巻く。現代が、「起こるはずのないことが起こる時代」だという実感を持っている人になら、きっと伝わるモチーフだと僕は思う。

いずれにせよそういった曰くつきの天使ネタを初の海外挑戦で再び引っ張り出した僕は、粘着質というか、笑ってしまうほど愚かだと我ながら思う。だが、言葉ではなかなか説明しづらいこの感覚的なモチーフで勝負してみたかったのだ。初の海外挑戦をなるべく難しい戦いにするために。

また、日本と韓国という二つの要素の架け橋になるのが、天使という西洋のシンボルであるのも面白いと思った。加えて韓国ではキリスト教が盛んなので、さらに新しい要素を加えられると確信していた次第だ。

実際に出来上がった作品の内容とは大きく乖離しているが、僕が最初に考えた『アジアの天使』の筋書きはこうだ。

ソウルに突如として現れたアジア人風のオジサン天使が無作為に人間を噛みまくる場面から始まる。そしてどんどん人間から「天使の声」が出始め、つまり天使化された人間が増殖し、彼らがまた人を噛み、韓国全土がパンデミックとなる。とある韓国人女性は家族と共にカンウォンドという田舎に逃亡するが、そこで謎の日本人の男と出会い、恋のようなものも生まれる。一方、天使化することで人間はどんどん本来持っていた欲望を失っていく。そのことに危機感を強めたのはアメリカだ。欲望がなくなれば経済が破綻してしまう。それを阻止するために米軍の特殊部隊は天使討伐作戦を発動する。要は経済を優先し、天使殺しを決定するのだ。そんな中、韓国人家族と謎の日本人は天使にシンパシーを感じ、米軍から守るために共闘する。その際、韓国人と日本人はさらなる戦力を獲得するために、森からやって来た猿や狐などの動物とも力を合わせる（ここで映画は日本昔話のようなテイストも入ってくる）。

さて、これを読んだ読者諸兄姉は理解に困り、僕を「頭のおかしい人」と位置づけるだろうか。

ちなみにこのプロットを読んだ韓国人プロデューサーは幾分か困惑したのだろう、感想は一言だけだった。「すいませんが、韓国に猿はいません」。僕は「心配には及びません。動物園から逃げ出した設定にしますから」と返事をしたが、一笑に付された。

そもそもこのプロットに対して、韓国人プロデューサーが諸手を挙げて絶賛するなどとさすがの僕も思っていなかった。それでも韓国映画界は、日本よりある程度自由で、オリジナリティのあるものを求めている傾向が強いと思っていた。だから、どの程度なら良くて、どの程度ならダメなのか、まずはお互いの守備範囲を計りたかったのだ。

今にして思えばこのプロットはいささかヤンチャ過ぎるが、基本的に狙っているものとしてはそれほど悪くない。現代的で、ユーモラスで、挑戦的だと思う。少なくとも唾棄するようなものではないはずだ。今さら旧約聖書の「天使とヤコブの闘い」を例に出すまでもなく、実はこのプロットは周到に練られたものだと分かる人には分かる……はずだ。

勝手な個人的分析の域を出ないのだが、通常の海外合作作品はほとんどの場合チャレンジ精神に乏しくなってしまうものだ。恐らく、壮大な理想を掲げて出発したとしても、両国にとって何ら不都合なく、それでいて安全な落とし所ばかり探ることでいつしか退屈な映画に成り下がってしまう。ただでさえ映画制作には制約がつきまとうのに、それが両国からダブルで出てきてしまうから先鋭的な映画が作りにくい。互いの国の最大公約数を探し安全策を取ったところで、映画が面白くなるはずがないのだ。そのあたりの懸念を一発で払拭するためにも、敢えて僕は最初からアクセル全開の姿勢を取ったままでだった。

韓国という国について

元々好きでも嫌いでもなかった国だが、縁あって釜山国際映画祭を初めとするいくつかの映画祭に何度も訪れた。韓国の観客は（と、一括りにできるものでもないのだが）総じて熱心で、深いところまで映画を捉えようとする。上映後に行うQ＆Aでも、作った本人がハッとさせられるような質問をしてきたりする（映画が社会と関係していることをもちろん知っているからテーマに踏み込んで質問してくるし、たとえば細かい音や映像に関しても突っ込んで聞いてくる）。多くの刺激を受けるので、いつも韓国の映画祭はとても楽しみにしていた。

二〇一四年の釜山国際映画祭で、共に審査員をしていたパク・ジョンボム監督とすこぶる馬が合い、すぐに友達になった。これまで東京でもソウルでも互いに行き来して彼とはいろいろな話をしたし、東大門《トンデムン》のスポーツショップでローリングス社製のお揃いの野球グローブを買い、会う度にキャッチボールをした。彼が東京にいる時、僕がソウルにいる時はいつも一緒にいるので、映画業界人から「あいつらは完全にデキている」と噂された程だ。パクさんは「俺たちは前世で何か関係があったのだろう」と言っていたが、確かに少しボケ始めた僕の祖母とパクさんが普通に母国語同士で会話していたのを見た時に、それはあながち間違いではないと思った。

『アジアの天使』のプロデューサーは、最終的にパク・ジョンボムがやることになり、共闘するに至ったのだが、その経緯については後に譲ろう。

映画を撮るために、韓国でのべ半年間暮らした。知れば知るほど面白い国だった（というか、外国というものは知れば知るほど面白くなる）。完全無欠のわけはもちろんないが、映画そのものや人材が育つ合理的なシステムは日本よりはるかにレベルが高いものが韓国にはある。成功すれば信じられない大金が転がり込んでくるというドリームもある。だから次から次へと才能のある若者が映画界に飛び込んでくる。今の日本では考えられないことだ。

韓国は世界に先駆けて、十年以上前にフィルムを捨てた国でもある。こういうところにも韓国映画界の特徴が見え隠れすると思うのだ。もちろん世界的な潮流はもはや完全にデジタルがスタンダードだが、日本でもアメリカでも細々とフィルムは使われている。二〇一八年に撮った『町田くんの世界』という映画では、僕もフィルムを使った。『川の底からこんにちは』『舟を編む』『ぼくたちの家族』もフィルムで撮っている。

デジタルとは違い、フィルムには独特の味わいがある。デジタルは、人間や風景を全て電気信号に変換するわけで、確かにありのままを記録できるのだろうが、そこに容赦のようなものが欠損していると僕は感じる。人間が人間を見る時、そこにはある程度の容赦があるはずなのだ。フィルムには、その点ちょうどいい抽象性がある。

その抽象性というのを説明することは極めて難しいのだが、フィルムはカメラのマガジン内を高速（秒間二十四フレーム）で回転しているため、人が知覚として認識できるかどうか分からない程度に映像が「煽っている」。つまり映像それ自体がやや揺れているのだ。しかもその映像をたとえばフィルムで映写するとなると、さらにフィルムが高速回転するわけだから、映像はスクリーン上で余計に煽る。しかもスクリーンが大きくなればなるほど、揺れの可動域が大きくなる。

この煽りは優れて人間的な容赦に似ていて、人間を撮って人間を語るメディアとしては、フィルムが最上のものだと僕は考えている。

話は長く、かつ複雑になったが、このフィルム文化を韓国映画界は真っ先に捨てた。今ではもう現像所自体が韓国国内に存在しない。コストがかかりすぎて合理的ではないという理由なのだろうが、この恐ろしく早かった決断はとても興味深いのだ。つまり韓国には、フィルムに対する憧憬や郷愁のようなものがほとんどない。だからこれまでデジタルでできる表現の可能性をひたすら追求してきた。

これは私見だが、であるから技術の継承のようなものが一度途絶えたのではないか。現に韓国の映画スタッフは若い人ばかりで、熟練のベテランがほとんどいない。フィルム文化を捨てるのと同時に、新しい技術こそが至上なのだという価値観の転換が起こったのではないかと想像する。これは、日本とは大きく違うところだ。日本には長く濃密な映画の歴史があるから、先人たちのその技術の継承が尊ばれる傾向にある。

二〇一九年は日韓関係が政治レベルで大いに冷え込んだ年だった。徴用工の最高裁判決やGSOMIA（軍事情報包括保護協定）の破棄など、これでもかというほど揉めに揉めていた。もちろんその影響は映画製作にもある程度及んだわけだが、個人的に韓国で生活することにおいては何らの不便も感じなかった。むしろ韓国人はみんな優しいし親切だ。酒の飲み方が少々強引なことを除いて不満は一切なかった。

ちなみにこれまで、日韓の歴史問題に関して韓国人に絡まれた経験は二度ある。一度目はカナダのバンクーバー国際映画祭で。二度目は、釜山でよく分からない若者に。どちらも酒の誘いを僕が断った時に「おいおい、あのことを忘れたのか?」と歴史問題を持ち出された、いわば論理が飛躍したタイプの絡まれ方だったので、あまり気にはならなかった。酒乱に日本も韓国もない。特に映画スタッフにはよくある話だ。むしろこの二回しか絡まれていないのだから、やはり僕の韓国に対するイメージはすこぶる良い。

それでも言いようのないギクシャクした雰囲気というものが、この両国間において確かに存在することは否定できない。それが何なのか、僕は韓国滞在中ずっと考えていた。

年末に風邪をひいて知人に薬を貰ったのだが、その錠剤に何だかワケの分からないハングルが書いてあり、一瞬間飲むのを躊躇したことがある。考えるより先に、体が反射的に戸惑ったのだ。その時に、あ、これだと思った。多分錠剤にドイツ語が書かれていれば、その言葉の意味が理解できずとも何の逡巡もなく喜んで飲んだはずなのに、ハングルには抵抗があった。自分は公平であり何の差別感情もないのだと思い込んでいたが、「それ」が確実に自分の中に存在したということの明らかな裏づけだった。「それ」とは、日本人であることのまるで根拠のない優越感、おそらくはそのことから発生する韓国という国への侮り。きっとこれまで知らず知らずのうちに少しずつどこかで刷り込まれてきたものだろうと思う。何せまるで自覚がなかったのだから。ハングルの錠剤を見た時の反射的な拒否反応には、自分でさえ驚いたのだ。いずれにしても、このことを自覚できただけでも大きな収穫だった。普段まるで意識せず、無意識下の奥のほうに沈殿しているものだからこそ質が悪い。

半年間の滞在で、当然韓国社会にも問題を感じはしたが、ここで言及するつもりはない。自分自身の中にある問題のほうがよっぽど重要で大きいと思うからだ。

ちなみに少し話は飛ぶが、韓国人の若い男性スタッフたちによると、最も有名な日本人は今「しみけん」なのだそうだ。いい子ぶるつもりはなく僕はしみけんを知らなかったのだが、彼はとても有名なＡＶ男優だそうで、皆からの尊敬を集めていた。韓国の男たちはしみけんのYouTubeチャンネルを見て日夜熱心に勉学に励んでいるそうだ。このことを知って僕は少し意外に思ったのだが、こういう認識の誤差を知るのは極めて重要だと思った。日本通のあるスタッフはたどたどしい日本語で「クールジャパンより、しみけんのほうが重要ですよ」と言っていた。きっとこれは真実なのだろう。

本当に多くの韓国人スタッフがほんの少しばかりだが日本語を話した。彼らは幼い頃から日本のアニメやゲームに親しんでいたので、何となくの日本語を理解できる。ちなみに僕はカルチャーというものは本当に大きな影響を及ぼすのだと再認識した。アニメやゲームに酷く疎いので、それらの話をまるで理解できず、彼らを大いに落胆させてしまった。

アジアの天使

『アジアの天使』の脚本は、改訂に改訂を重ね、徐々にブラッシュアップしていった。内容もどんどん変えていき、登場人物も想定キャストが変わったので途中で年齢

종합서비스
HYUNDAI
1501

設定を変え……。何十回書き直したか、もはや数えられないほどだ。しかし何をやっても韓国人プロデューサーは一向に理解してくれない。それでも自分には手応えがあるし、現に周囲の日本人にはとても好評だったのだ。日本人キャストとして出演予定だった池松壮亮《そうすけ》君の感触ももちろん良かった。韓国人プロデューサーとは互いに最初は穏やかなやり取りをしていたが、次第に「これは韓国ではありえません」とか「こういうものは韓国人は理解できません」などと、韓国というものを一般化して話し始めたあたりからこちとら若干頭にくるようになった。「いや、それでも日本人は面白いと言ってますよ」と、こちらも日本というものを一般化して話し始めてしまったので、ああこうやって戦争が始まるのかと悟ったのだ。そもそも僕が言う「日本人」とは誰だ。それはただの「池松君」とか「僕」という個人のはずで、当たり前だが日本人の総意ではない。面白いと思う感覚に日本人も韓国人もましてや総意などあるわけがなく、にもかかわらず「韓国人は〜」とか「日本人は〜」と一般化した言い方をするのは卑怯なのだとハッタと気づいた。要は、その話し合いの場には「僕とあなた」しかいないのに、議論を有利に進めるために突如として国を背負い出す（フリをする）。これは極めて危険なのだと理解した。

それでもこの一般化の癖は、撮影が終わるまでなかなか抜けなかった（この愚かな考え方をどこで学んできてしまったのか！）。その後もいたるところで「これが韓国のやり方か……畜生！」と思ったものだが、ひとつの個別の問題を韓国全体に押しつけようとするのは、本当に致命的な悪癖だと考える。韓国にもいろいろな人がいて、いろいろなやり方があるのだ。当然、日本も然り。かくも当たり前のことを理解するのに、告白すると、かなりの時間をかけてしまったのだ。

撮影延期

いずれにしても脚本がまるで韓国人プロデューサーに伝わらない。それは明らかに問題だった。天使が出てくる理由を何度も聞かれ、「だって今は、起こるはずのないことが起こる時代じゃないですか」と説明するのだが、そこがまず理解されない。「そんな時代じゃないですよ」というような顔をされる。天使のくだり、たとえば感覚的なシーンだけが伝わらないのではなく、ほとんど全ての内容の面白さが伝わらない。「これの何がどうして面白いのですか？」という顔を何度もされた。しかも書き直しても書き直しても、二年以上もの期間ずっと理解されない。これにはほとほと参った。創作は、自分の感覚をある程度信用しないとやっていられない。自分が何を美しいと思い、何を面白いと思うか。その感性こそがとても重要なのに、実に二年以上もの間「いや、それは美しくもなければ面白くもありません」と頭ごなしに否定され続けた(ような気分になった)。落ち込んだし、次第に自分の感性が信じられなくなってきた。

意思疎通が難しくなる局面はある程度事前に想定していたので、脚本の翻訳には必要以上の注意を払っていたし、口頭でも散々追加の説明を試みた。だが、まるでダメだった。最終的には失礼を承知の上で韓国人プロデューサーの頭が悪いと思い込むようにしたのだが、これは僕自身が発狂しないための自己防衛措置に過ぎなかった。しかしながら、彼の周囲のスタッフもほとんど脚本を理解しなかったことを思えば、やはり僕に落ち度があったのだろうと思う。ただ、その原因が分からない。今でも分からない。

僕が作った映画はある程度韓国で受け入れられている、という確証はあったので、感覚や感性の相違だけがこの問題ではないと考えた。やはりプロセスの問題なのだ。

何かのやり方をどこかで間違えている……。

当然脚本の書き方には日韓においても個人においても差異がある。なるべくシンプルに、できるだけト書きや説明を排した脚本をいつもは心がけているが、そういう行間を読ませるようなものは翻訳しづらいはずだし、様式の違いも含めて既にこちらら勉強済みだったから、当然誰もが理解できるようにそれまでの自分のやり方をかなぐり捨て、なりふり構わず「分かりやすい」脚本を書いたつもりだった。

しかし、それでも理解されない。これはもう本当に困った。そして気がつくと、またいつもの病気が出てしまうのだ。「韓国人は脚本の理解力が乏しいのではないか」と、外国人を一括りにしてしまうあの病気だ。

路頭に迷い、頼みの綱であった親友のパク・ジョンボムに脚本を見せたら、彼は「面白い。理解できないほうがどうかしている」と言った。だよねだよね、とまたしこたまビールを一緒に飲んだ。パク・ジョンボムだけがいつも僕の味方でいてくれた。

かれこれかなり前になるが、カンウォンドという半島の日本海側にある彼の田舎に一緒に行ったことがある。ソウルからどんどこ車で東に向かい、四時間か五時間かかってやっと着いた。大都市であるソウルとはまるで違い、雪に覆われたその場所は静かで、とても素敵だった。そういう経験も含め、今回の脚本に書かれているエピソードはほとんどがパク・ジョンボムとの関係の中で得た経験や知識に基づいている。それもそのはず、僕は韓国について、パクさん以外のことはまるで知らないのだ。

当初は二〇一九年十一月に撮影予定だったが、韓国人俳優の都合で翌年の二月に延期した。クランクインの半年ぐらい前から家族と共に韓国に移り住もうと計画していたから、この時点でスケジュールはもはやグチャグチャになった。出演予定だった池松壮亮君に連絡し、近所の行きつけのバーで高めのウィスキーを飲みながらその事実を伝えた。撮影時期に照準を合わせ、気合をコントロールしながらスタンバっている俳優やスタッフに撮影延期を伝えるのは、いつでも心苦しいものだ。心の問題だけではなく、突然仕事が飛ぶということなので、生活の問題に直結もする。だからこそ高めのウィスキーを飲みながら話したのだ。

もちろんここで書けないこともたくさんある。結論から言うと、最終的にそれまで携わっていた韓国人プロデューサーと袂《たもと》を分かつ結果となった。信頼関係が修復不能な状態にまで陥ってしまったからだ。それが二〇一九年十一月末。撮影予定は翌年の二月。製作資金は何とかなりそうだったので、そこから韓国で現場を仕切ってくれるプロデューサーを探した。当てはいくつかあったが、日韓関係悪化の影響やプロデュース・システムの差異もあってすこぶる難航し、日本側のプロデューサーである永井さんと一緒に頭を抱えた。そもそも撮影を一度延期させている手前、これ以上は俳優とスタッフを待たせられなかった。ここまで何とか踏ん張ってきたが、もうゲームオーバーだと思った。これでもう万事休すだと諦めようとした。

親友のパク・ジョンボムと最後に酒を飲もうと思い、ソウルの一等地であるカンナム地区で落ち合った。「いろいろ頑張ったけど、ダメだった。俺は負けた。日本に帰るよ」と言ったところ、パクさんはいつものように熱く、ビールを水のように飲みながら語った。

映画を諦めたらダメだと。困難を乗り越えて作るから映画は素晴らしいのだと、純粋な瞳で語った。その言葉にハッとさせられ、胸を打たれたのだが、これまでパクさんが散々自身の映画の企画を頓挫《とんざ》させてきたことを僕は知っている。どの口が言うのだと思うには思ったが、でも本当にその通りだ。「だけどプロデューサーがいないし、韓国で現場を仕切れる人が見つからない。さすがにそれじゃ映画は作れない」と僕が言うと、パクさんは落ち着き払った口調でこう言った。「俺がやるから心配するな」と。

その夜泣いたかどうかは覚えていないが、ほとんど泣きそうな気分だったことは確かだ。

パクさんは確かに自身の映画ではプロデュースも兼ねてやっているが、本来は監督をする側の人間だ。彼がプロデューサーを買って出たのはつまり、彼のとても大切なかなりの時間を放棄し、僕との映画に捧げることを意味していた。自分に置き換えて考えてみれば、そのことの重大さがよく分かる。半年かそれ以上の時間、自分の会社のリスクをまるで顧みずに、ただ友達だからという理由だけで彼は僕との共闘を決断した。

一方で彼への迷惑をまるで顧みずに言えば、僕がパク・ジョンボムと組んで映画を作るのは、まさしく必然だったのだと思う。そもそも全ては、彼との出会いが始まりだったのだ。

作品紹介

アジアの天使

ひとり息子の学（8）を持つ青木剛（池松壮亮）は、病気で妻を亡くし、疎遠になっていた兄（オダギリジョー）がいるソウルへと渡った。日本から逃げ出すようにして。

「韓国でいい仕事がある」という兄の言葉を信じていた剛だったが、実情はまるで違っていた。言葉が全く理解できない中、怪しい化粧品の輸入販売を手伝う羽目に。

一方、かつてはそれなりに売れたアイドルだったが、今や市場のステージで細々と歌う仕事しかないチェ・ソル（チェ・ヒソ）は、自分の将来や兄や妹との関係に心を悩ませていた。

しかし、その時彼らはまだ知らない。

事業に失敗した青木たち日本の家族と、ソルたち韓国の家族——どん底に落ちた二つの家族が共に運命を歩んでいき、奇跡を目の当たりにすることを……。

2021年劇場公開

『生きちゃった』という映画

プロデューサーがパク・ジョンボムに決まる前、まだ苦悩の真っ只中にいた二〇一九年六月中旬、『アジアの天使』撮影の三カ月間の延期が決まった。韓国の俳優のスケジュールに合わせるための措置だったのだが、後にこの俳優は突然降板することになった。当時の社会情勢もあったし、それはまあ仕方がないのでいいとしても、突然撮影が延期になり、正直途方に暮れていた。これといってやるべき仕事もないし、ちょっと早いが韓国に行って、辛い食べ物に慣れる時間に使おうかなどと考えていた矢先に、香港国際映画祭のプログラマーを以前務めていたジェイコブ・ウォンから連絡があった。東アジアの六人の監督に同じ額の製作資金を出し、「映画作りの原点回帰を目指す」プロジェクトを始めると言う。聞くところによると予算は百万中国元だから、当時のレートに換算すると大体千五百万円ぐらいだろうか。なるほど、なかなかにして安い。というか、むちゃくちゃ安い。この規模の低予算映画は久しく撮っていない。それでも「愛」という全員共通のテーマでやる以外に縛りはなく、好き勝手にやっていいぞということで少し興味を持った。しかも台湾代表はツァイ・ミンリャン

に決まっているという。憧れのツァイ・ミンリャンと同じ土俵で勝負ができるのは、ちょっと嬉しい。

思えば商業映画を作り始めて、制約の楽しさを覚えた。様々な制約があるからこそ、進むべき道がはっきりと見える場合がある。制約があれば当然「できないこと」が増えるが、だからこそ「できること」の価値がより高まる。制約や制限も含めて、だから映画には多少の欠落があったほうがいいと最近は考えるようになってきた。映画は集団で作っているので、何かの欠落があった場合、それを全員で埋めようとする力が働き、時に信じられないような大きなパワーが生まれる場合がある。結果的に欠損によって映画が輝く場合がある。

商業映画における制約こそが映画を面白くする装置になっていると考えていたからこそ、あらゆる制約のない状況、つまり自主映画的に映画を作ったらどうなるだろうか。しかも今。「映画作りの原点回帰」を考えるとドキドキしてきてしまった。次第に高まる興味を止められなくなってきた。

最終的には、ずっとお世話になっていたジェイコブからの依頼なので、まあどうなってもやってみるかという形で承諾した。このプロジェクトはかなり緩くて「三年以内に撮ってくれればいい」とのことだったが、こっちはちょうど撮影が延期になったタイミングだったから、何かいいアイデアを思いついたら突撃してみようという気分になっていた。それが二〇一九年の七月八日のことだった。

撮影準備

七月八日、お題である「愛」について考えてみた。

と、そう書いてみてふと我に返る。いつも思うのだが、この仕事はとても不思議だ。毎朝出勤する人とは違い、「今日は愛について考えてみよう」と家や喫茶店で悶々とするだけだ。本当にどうしようもない、あるいはナメているとさえ客観的には思うが、これも大切な仕事の一部なのだから仕方がない。

実は、かねてからやまゆり園を題材にした映画を作りたい衝動がずっとあった。映画化することの是非はさて置き、あの事件はとても重要な人間と社会の問題を孕《はら》んでいると思うのだ。とは言えなかなか出資が集まりづらい（と予想される）題材だし、やるならやるで僕個人の社会的責任としてやるべきだから、今回のようにポンと無条件に資金を出してくれるなら、もしかしたら可能性があるのではと考えた。それまでもかなり事件のことを調べてはいたが、やはり短期間でやれるような題材ではないと結論づけ、諦めた。それに、「愛」というテーマを強引に結びつけようとすると、事件の本質から映画が乖離してしまうという懸念もあった。これは生涯考え続けなければいけないテーマだ。今回は、やめようと決心した。

もう少し愛について考えてみようと思い、三日間家に籠《こも》り、その流れで湧いてきたイメージを手繰り寄せ、自由連想法的に一気に脚本を書いた。通常は事前に物語をきっちりと構成してから書き始めるのだが、今回は一筆書きで最初から最後まで一息で書いた。つまり、頭はほとんど使わずに「何となくの感じ」で書いたわけだ。

次の韓国映画『アジアの天使』の準備期間を考えると、十月までには編集を終わらせなければいけない。とすると、クランクインまで二カ月。電撃作戦でやるしかなかったが、大抵は追い込まれているぐらいのほうが燃えるのだ。延期になった『アジアの天使』はズルズルと二年以上動かしていたから、その反動もあったのだと思う。次第に昂揚してきた。それでも、まだやるかどうかは決め切れなかった。ある程度の勝算がなければ、勝負には出られない。

今現在は映画の現場写真を撮っている大学の同級生の内堀に電話した。「九月は空いてるか？」と聞いたら、「今から制作会社に行って、依頼されてる仕事を引き受けるかどうかの返事をしてくるところ」だと言う。なるほど、こういう場面で縁のようなものを感じる。映画の神様が「やれ」と言っているように思ってしまうのだ。内堀に脚本を読んでもらったところ、「これは絶対にやったほうがいい映画だと思うよ」と上から目線で言ってきて、若干苛立ったが、その一言で腹が決まった。というか、誰かに背中を押してほしかっただけで、やることは自分の中で決まっていたのだろうと思う。内堀に「じゃあやるぞ」と言ったら、「分かった」と答えた。

比喩はすこぶる悪いのだが、戦争を始める決心を固めた。比喩は悪いが、この言い方が映画作りを始める気分に対して最も適当なのだから仕方ない。いやはや本当に自己嫌悪に陥るほどの比喩なのだが。

映画を撮るとはつまり、大きな勝負に打って出るということだ。

すぐにスタッフを集めるために電話をかけまくった。

愛について

愛という言葉を聞いて、うっすらと寒気のようなものを感じるのは僕だけではないはずだ。やはり日本人は、未だに愛という概念に戸惑っているのではないかと思う。愛という言葉が身体に伴っていないのは、神の愛という宗教における概念に疎いとか、いろいろな歴史的な理由もあると思う。

「愛している」と意地でも言わない、愛情表現の仕方を一切知らない昭和のオジサンを擁護したいわけではないが、本当の気持ちを軽率に表に出さず、心の奥のほうに静かに沈み込ませようとする態度こそ日本的で、そういうラブストーリーこそ今回は作るべきだと思った。愛をむしろ隠すことで、本当の愛を描く話だ。

と、いうようなことを頭では考えずに、何となくノリで脚本を書いたのだが、後にして振り返れば大体このような意図だったのだろうと思う。

脚本は、最初に書いた衝動を大切にしたかったので、決定稿に至るまでほとんど書き直していない。

『生きちゃった』というダサいタイトルも、ずっと変えようと考えたが結局他の妙案が出せなかった。それでも最も英訳のしにくい、だからこそ日本らしいこのタイトルは、なかなかいいのではないかと今では思うのだ。今のこの時代、この国の人間の生に思いを馳せると、たとえば「生きる」というような能動的な言葉よりも「ちゃった」ぐらいのほうがしっくりくる感じがある。人間存在の不確かさを思う時、この馬鹿げた音の響きを持つ「生きちゃった」という言葉が、僕にとってはたまらなく愛おしく、また身近に感じる。「生きちゃっている」という現在進行形ですらない、諦めと後悔と疲労感漂うこの過去形の言葉の中に、それでも取り残されているであろう生への熱い期待。そんなようなものも感じている。

実を言えば、『生きちゃった』のストーリーにはもっと直接的な発想の源がある。僕の友人、それもとても大切な友人が酷い形で離婚した。彼はとても心優しくて、僕などと違い人間がよくできている男だ。子どもの頃からの付き合いで、今も親交がある。ここでは詳しく書くつもりはないが、彼の話を聞いて愛というものの複雑さに改めて気づかされたし、またそれを呪いさえした。ほとんど立ち直れないような妻の裏切りにあっても尚、彼は自分の気持ちを必死に押し殺し、全てを忘れようとした。許せるかどうかは分からないが、彼はそうするしかないのだと、今にも消え入りそうな声で言った。彼と共に過ごした少年時代の記憶も含めて、この話が脚本の大きな基軸となった。彼をモデルにしたわけではないが、自由連想法的に書いた脚本に、僕の彼への思いが色濃く表れたことは間違いがない。

完成した映画は、真っ先に彼に見せた。「大丈夫です、悲しみは乗り越えられますよ！」などと根拠のない綺麗事は映画の中で言っていない。ただ、悲しみを乗り越えようとする人間の姿をラストでしっかりと描いたつもりだ。

彼にはそれを見てもらいたかった。

作品紹介

生きちゃった

91分／2019

山田厚久（仲野太賀）と山田奈津美（大島優子）、武田（若葉竜也）は高校時代からの幼馴染でとても仲が良かった。厚久と武田は昔も今も二人で夢を追いかけている。微妙な三角関係にもつれた時期もあったが、今では厚久は奈津美と結婚し、5歳の娘がいる。平凡だがそれなりの生活を送っていたある日……。厚久が奈津美の浮気を知ってしまう。あまりにも突然のことで、厚久は怒ることもできなければ悲しむこともできない。感情に蓋をすることしかできなかった。その日を境に厚久と奈津美、武田の関係は歪んでいき、物語は衝撃的な展開へと向かっていく……。
受け入れがたいことをいくつも受け入れ、本音を必死に押し殺してきた厚久が、最後の最後に見せる生への意志。

劇場公開（2020年10月3日）

芝居について

予算も少ないし愛の話だし、これが俳優の芝居に重きを置いた映画になるのはまず間違いがなかった。どの映画でもそのはずだが、これはさらに俳優の表情や姿が重要になる。というかそれこそが生命線になる。

準備期間は限りなく短かったが、キャスティングにはもちろん拘《こだわ》った。主人公は仲野太賀《たいが》、共演は若葉竜也《りゅうや》君と大島優子さんに決まった。他の素晴らしいキャストの方々も含めて全て僕の希望通りに決まったことを思えば、この映画には相当なツキがあったのだろう。素晴らしく豪華な方々に出演して頂いた。

太賀の兄役は、とても重要でかなり悩んだが、「あ、そうだ、台詞を全部カットすればいいや」と思いつき、パク・ジョンボムにお願いした。彼はほとんどの場合、自分で監督する映画で主演も兼ねるから、演技力は確かなものがある。この役には浮世離れした存在感と一風変わったエッセンスが必要だったので、日本人のような顔をしているのに日本人ではないパクさんがピッタリだと思った。彼は自作の撮影中だったにもかかわらず、通訳となる友人を連れて五日間ほど日本に来てくれた。渡航費や滞

パク・ジョンボムの芝居／撮影＝内堀義之

在費、ギャラは一切受け取らず「友達だから来ただけだ」と言い残して帰っていった。ちょっとドン引きする程の優しい人なのだ。僕は彼に対して、信じられないほどの借りがある。多分一生かかっても返しきれないだろうと思う。

俳優の芝居というものは、本当に面白い。もちろん僕は演者ではないし、演技を理論的に学んだわけでもない。それでも長らくじっと俳優の芝居を見つめていると、これほどまでに崇高な行為はあるだろうかとさえ思えてくる。

撮る順番が滅茶苦茶で、それがどのように結実するか完全には理解していない俳優が、あるひとつの虚構のために命がけになって演じている姿は、さながら祈りのように見える瞬間がある。宗教に疎い僕でも、震えるほどの神々しさを感じる一瞬間があるのだ。よーいスタートからカットまで、きっとその時間が有限的だからこそ、人がまさしくそこに生きているという実感が強烈なものとなり、陶然とさせられるのだと思う。人間が生きること全体の意味を一瞬の熱気に変える作業。いささか極端な言い方だが、芝居とはそういうことなのだと思う。

お仕事をご一緒させて頂いた加藤剛《ごう》さんや八千草薫さんが亡くなられた時、不思議なことに強い悲しみには襲われなかった。きっと彼らがカメラの前で強烈に生きている姿をこの目で見たからこそだと思う。その生は、やはり圧倒的に際立っている。

　俳優は僕にとっていつでも特別の存在で、心の底から尊敬している。凡庸な神経では到底できないし、売れれば売れるほど多くのストレスやプレッシャーと戦わなくてはならない。自分には絶対にできないと思うから、どれだけ若い俳優でも尊敬する。反面、俳優かぶれのような軽薄な人間がとても嫌いだ。

撮影

『生きちゃった』は二〇一九年の九月十五日にクランクインして、二十九日にクランクアップした。休日が一日あったから正味十四日間の撮影だった。ほぼ全篇手持ちカメラで、芝居に肉薄するように撮ったこの映画は、異様なほど生々しく、生命力に溢れていると思う。初めて撮った長篇映画と同じく尺は九十一分だった。まさしく原点回帰になった。

　そしてこのクランクアップ直後、一息つく間もなく聞いたのは、韓国からの悪い知らせだった。出演予定だった俳優が急遽降板したのだ。蓄積されていた疲れがドッと押し寄せてきた。一筋縄ではいかない作品というものは、ある。

トラブル

韓国で撮った『アジアの天使』に関しては、既に書いたものも含めてトラブルは枚挙に暇《いとま》がない。

『生きちゃった』の編集を終え、十一月一日にソウルへ渡り、本格的な準備を始めた。それでも依然としてまるで脚本が理解されない状況に変わりはなかった。ヒロインはチェ・ヒソさんに決まったのだが、それは偶然にも彼女が日本語に堪能で、脚本を日本語で読めたからに他ならない。しかし、それ以外のものが何一つ決まらない。日本からの出演者である池松君、オダギリジョーさん、芹澤興人《せりざわたてと》さん（天使役）だけは決まっていた。

そこで、前述したようにパク・ジョンボムがプロデューサーになってから、まずは脚本をしっかり翻訳しようということになった。それが十二月末の年の瀬だった。

狭い事務所に集まり、僕とパクさん、助監督の藤本さん（彼は二十二歳の頃からずっと韓国に住んでいる）で脚本の精査に入った。藤本さんが日本語の脚本を一行ずつ韓国語に翻訳して読み上げていく。それを受けて、パクさんが手直ししながら韓国語の脚本にしていく。それは韓国語的な言い回しではないからこう変えよう。石井、どう思うか。いいね、そうしよう、いや、それだとニュアンスが変わり過ぎると、一行一行喧々諤々《けんけんがくがく》話し合いながら作業を進めていった。理解できない点は、互いが理解できるまでとことん話し合った。細かい点をひとつひとつクリアにしながら、脚本を韓国式に翻訳していった。朝から晩までみんなで事務所（正確にはパクさんの家）に籠り、五日間かかった。このような作業は人生で初めての経験で、とても愉快だった。

苦労は報われ、そうしてできた翻訳版の脚本はやっと韓国人に理解され、受け入れられた。そこからはすいすいと俳優とスタッフが決まっていった（とは言え、何故受け入れられたのかはやはりまだ分かっていないのだ。何故なら、内容自体は変わっていないから。謎だ！）。

ソウル郊外の元縫製工場を新事務所にして、撮影の準備を始めた。夜は皆で飲みまくった。家は、製作費節約のためにシェアハウスを借り、池松君、日本人の子役及びお母さん、スチールの内堀と共に暮らした。子役と一緒に暮らすなど後にも先にもないだろうし、皆で毎日ワイワイしこたまビールを飲んだ（子役は八歳なので飲んでいない）。

二度にわたる暴力事件含め、ここでは書けない幾多のトラブルを乗り越えた後、撮影開始直前に映画にとってとても重要なムグンファ号という電車が突然廃線になると聞かされた。何十年もの歴史がある超有名な電車の突然の廃止など有り得るのかと耳を疑ったが、本当に消滅するのだという。でも、ムグンファ号がなければストーリーが成立しない。困った。スケジュールをいじくって何とか事なきを得たが、危なかった。これはまだ序の口で、準備期間中も撮影時も、毎日何らかのトラブルに見舞われた。ギャラをもっとくれとあるメインスタッフが突然ごね始め、いきなりいなくなったり。大体はスタッフたちの知恵と余計に払う金のパワーで問題を切り抜けた。

そういうトラブル続きの状況になると、「どうせまた問題は起こる」と、ちょっとしたことでは動揺しなくなり、どんどん鷹揚になっていった。つまらないプライドや執着は簡単に捨てた。小さなことなど構うものかというやけっぱちの勇気は、これまでとはまるで違う種類のパワーを映画にもたらすのだと知った。

光の感覚

韓国での映画作りで最も楽しみにしていたのは、映像や光に対する韓国人の感覚だった。ハリウッドから直接影響を受けているであろうライティングは、コントラストをつけて強いインパクトを狙い続ける。でもその中にも当然東洋的な滋味がある。撮影監督のキム・ジョンソンさんは冗談のセンスこそあまりないが、最高に素敵な人物だった。彼の優しさはそのまま光の感覚に直結していたと思う。彼はまるで英語を話せないが、仕事ぶりを見ていれば何を考え何をやろうとしているのか、それぐらいはちゃんと分かる。

前述したように、映画には様々な要素があるが、今回つくづく思ったのは、映画は現場の人間たちの人生を凝縮させたものだということ。集団で大いに闘った証しを見せることは演出家としての責務だと改めて思った。

そしてもうひとつ。映画作りにおいて重要なのはやはり言葉ではなく、映画を面白がれる心の豊かさと、どんな逆境においても常にベストを尽くそうとする姿勢なのだと確信した。人種とか文化とか、それ以前の人間としての器のようなもの。自由に生き、自由に発想することの大切さと喜びを韓国で再発見した次第だ。

そうやって、海外での映画製作の難しさと面白さを痛感している矢先だった。最後に特大の問題が発生した。

新型コロナウイルスだ。

最大の問題

当初は二月十五日にクランクインする予定だった。その少し前に、既に決まっていたロケ地である食堂や病院がコロナを理由にキャンセルされ始めた。急遽脚本の設定を変更したが、当時は他の準備にも追われていて正直ウイルスどころではなかった。ただでさえいろいろな準備が追いついていなかったのだ。

韓国は日本ほど時間の観念がシビアではないので、クランクインを一週間遅らせた上でギリギリ準備を間に合わせて二月二十二日に撮影を開始した。それ以後、誰もが知る通り世界の状況はどんどん悪化していった。韓国では二月二十日にテグの教会での集団感染が報じられ、その後一気に感染者が激増したわけだが、撮影で疲れきっていたので冷静に世界の状況を観察するようなことはできなかった。一般の通行人が全員マスクをしていたので、彼らがフレームに映り込む度にNGを出さなければならず、イライラとした場面は何度もあったし、それどころか撮影が続行できるかどうかも危ぶまれたが、全員で知恵を絞って何とか切り抜け、無事にクランクアップを迎えられた。撮影最終日に、東京五輪の開催延期が発表された。

もちろんコロナウイルスには細心の注意を払って撮影したが、無事だったのはほとんど奇跡に等しい。思えばかなり無茶をしたし、「映画が一番偉い」、つまり映画のためなら何をやってもいいのだという通常の原則に基づいた現場運営になってしまった部分は確実にある。現場で感染者が出ていたとしても何ら不思議ではなかったし、責任者としては、薄氷を踏むようなやり方しかできなかったことを本当に反省している。ただし、コロナという特大の問題に直面したからこそ、現場の人間たちの結束が強まったのもまたひとつの事実であった。「この状況で撮りきれたら、俺たちは奇跡を起こしたことになる」という気分は、言葉にするまでもなく、確かにあったのだ。

三月二十四日にクランクアップし、予定ではそこからさらにソウルに留まって編集作業に入る予定だったが、コロナによって状況がまるで見えないので二十六日に一旦帰国した。無論そこから日本国内で十四日間の自宅待機をしたわけだが、せっかくなので一緒に帰国した池松君とスチールの内堀と共に郊外の一軒家を借り、そこで編集をしたり考え事をしたりしながら過ごした。広い庭があったので、池松君とはそこで毎日サッカーをした。馬鹿げてはいるが、リフティングの目標回数を毎日ひとつずつ上げていくだけでも案外生活に張り合いは出る。毎日三食の食事は内堀が作った。必要な食材やビールは、厳重に防疫したプロデューサーの永井さんがせっせと届けてくれた。

この映画はシェアハウスで始まり、シェアハウスで終わった。俳優やスタッフと集団生活を送りながら撮った映画は、そりゃ特殊なものになるに決まっている。こういうやり方は愉快だった。いずれまた試してみたいと思っている。

撮影＝内堀義之

コロナについて

このコロナウイルスなるものによって確かに現在世界はとんでもない状況になっているが、コロナ以前から既に存在していた問題をコロナにすり替えていると感じられる点も間違いなくある。

例えば、二〇一一年の東京電力福島第一原発事故が収束し、完全に「コントロールされている」と信じている人は存在しないだろうと思う。でも大半の人はそれを口にしないし、これまでもしてこなかった。言っても無駄だと観念していたのだ。

つまり僕たちはこの十年、底知れぬ不信感を押し殺し、ある程度現実から目を背けたまま、なし崩し的に生きてきたのだ。そうではないと否定する人もいるかもしれないが、いたとしてもごく少数だろうと思う。

そうやって僕たちが必死に隠そうとしていたものがコロナによってあっさりと掘り返された。なおざりにしていた問題の数々が、突然目の前に現れてうろたえている。つまり、これまでの自分の生き方に嘘があったということが簡単にバレた。要は大なり小なり、僕たちは卑劣だったのだ。

思えばこれまで受けてきた教育では、繰り返し集団における規律なるものを叩き込まれてきた。中学の体育の授業では千五百メートル走を行う際、あらかじめ決められたタイムをクラス平均値で切らなければ終われない、という意味不明のルールがあった。集団として結束して結果を出すまで、いつまで経ってもクラス全体で延々と走らされるのだ。当時の体育教師はいい人だったが（あの人の頭突きはかなり痛かったが、彼への妙な愛情があって、僕は彼と同じマイルドセブン・スーパーライトを吸っていた、これも人間の面白さだろう）、あのルールに関しては未だに僕は納得できないでいる。

高校生の時は、忘れもしない、普段温厚な担任教師がホームルームで突然憤激したことがある。理由は「期末試験のクラス平均点が下がったこと」らしいのだが、平均点の問題を生徒個々人に言って何になるのだろうか。当時は本当に理解に困った。最終的には「お前ら普段の生活からよく考えて行動しろよ！」と生徒側に何だかよく分からない「規律」を求めて話が終わった。それを受けた優等生たちは優等生であるが故に、教師の言を鵜呑みにして平均点を下げている劣等生たちへの糾弾を始めた。もはや僕は言葉を失った。

二〇二〇年四月に出された緊急事態宣言は、紛れもなく多くの国民が自主的に望んだものだった。このことは深く記憶しておかねばならない。きっとみんな、一部の身勝手な他者を許せなかったのだ。自分だけはいいやと、こっそりパチンコに行ってしまうような人たちを心の底から憎んだ。平均点を下げている劣等生を優等生が糾弾したのと同じようなことだろう。

やたらと偉い人や海外セレブが異口同音に「家にいましょう」と言っていたが、その言葉に申し訳ないが僕は反射的な抵抗感を覚えた。規律が強制される時、大抵どこかで思考停止が起きていることを経験で知っているからだ。

人間ひとりひとりには、それぞれの意思でものを考える自由と責任がある。そうして成り立っているはずの社会に多くの人が限界を感じたからこそ、小さな子どもに規律を強いるような「家にいましょう」という言葉が乱れ飛んだのだと思う。

自分の頭でものを考える自由と責任は、時にあっけなく蔑ろにされ無効にされる。これから、ますますそういう時代になっていくだろうと僕は悲観せざるを得ない。

とにかく、コロナによって一旦、あらゆるものが壊れた。あるいは、既に壊れていた事実が露になった。まずはこのことから目を逸らすまい、と思う。社会が見事なまでに壊れているという現状の正しい認識だけが唯一、これから再び立ち上がる原動力となりえる。また何事もなかったかのように世界が再開されるのだとしたら、あまりにもしんどい。

おそらく世界は、今後経済を復興させようと躍起になるだろうと思う。「失ったカネを取り返そう！」という大号令が狂ったように響き渡るだろう。またか、と僕は思う。経済にばかり目を向け、そうしてまたどんどん人間の、特に弱い人間たちが傷つけられ、ボロボロにされていくのだろう。コロナ以前からズタボロになっていた人間の内面が、またさらにズタボロになる。「経済を取り戻すことができれば幸せが戻ってくる」というような欺瞞に向かって人々はまた行進するだろう。

もうこれで何度目だろうか。格差はさらに拡がり、人間同士の不信や侮蔑も増え、人は自己批判することなくますます傲慢になり、他者への思いやりや優しさもなくなっていくだろう。コロナ以後の世界における本当の問題は、人間存在そのものの価値がグラグラに崩れかかっていることのほうだ。

映画に何ができるだろうか。映画ではなくても、どんな表現だとしても。自分に何ができるだろうか。「エンターテインメントの力を信じよう」などというそんな軽薄で実のない言葉に逃げずに、苦しみながら考え続けなければいけない。悩みは尽きないし、個人的研究課題はやたらにどんどん増えていく。

今後の映画について

あらゆる物事と同様に、これから映画も厳しい立場に置かれるだろうと思う。コロナウイルスによる緊急事態宣言により、多くの人が自宅に籠らざるを得なかったからネットフリックスなどの映像配信事業が好調だという。僕の周囲の映画スタッフたちも「これからは配信の時代ですね」などとこぼしている。それはきっと間違いではない。

映画は、わざわざ映画館まで足を運び、決められた時間に鑑賞することを強制され、しかもよく分からない他者と一緒だという明らかに前時代的なものだ。鑑賞中は大好きなスマホを触るのも憚られ、映像を一時停止することも叶わず、「ながら見」

もできない。超不便で、超ありえないのだ。だから、映画には価値がある。

人々が自宅で映像コンテンツを楽しんで、それで完全に満足感を得られ、ハッピーでハッピーで仕方ない、というのであればそれ以上議論をする余地はないし、映画が淘汰されていくのなら仕方がない。僕のような作り手がとやかく言う話ではない。

ただ、密かに期待している。むしろ危機的な状況になってくれたほうが映画、映像表現にチャンスが到来するのではないかと。製作者たちがさらに頭を悩ませなければいけないから、新しいものが作られる可能性が生まれるし、もっと自由な発想ができるかもしれないし、またそのことに期待してもらえるかもしれない。

いずれにしても、製作環境がある程度悪化したほうが燃えるのは燃えるのだ。より挑戦的で冒険的であるほうがモノ作りは楽しいではないかと、ちょっとした痩せ我慢的な見得を切ってみる。そうでもしなければ、やってられないから。

三十七歳

そんなこんなで先日、三十七歳になった。母親が死んだのと同じ年齢に、呆気なくなってしまった。子どもの頃から、自分の人生は大体三十七年ぐらいだろうと思って生きてきたから、ついにいよいよ来たのか、という気分だ。死の覚悟ができているわけではないが、三十七という年齢で死んでいく悔しい人生があるという紛れもない事実こそが僕の人生のリアルな指標だったし、母親と同じでいつ病気になってもおかしくない体なのだという不安はこれまでずっとつきまとっていた。

だがしかし、先日、膝から崩れ落ちるほどの衝撃的な事実が発覚した。

よくよく計算してみたら、母親は三十六歳で死んでいたのだ。

つまり、もう超えていた。人生設計における基本的な計算をミスっていて、知らないうちに、気づいた時には僕はもう母親よりも長く生きちゃっていた。ああ、何という誤算なのだろう。

きっと見る人が見れば気持ちの悪い歪んだマザー・コンプレックスなのだろうが、

最近は、まるで年下とは思えない母親の記憶をあれやこれやと探し集めている。そうこうしているうちに、母親についての映画を作ってみたいと、ふと思った。

　これまである程度封印してきた母親についての映画を撮れば、きっとまた新しい芝居が生まれるはずだし、そう考えるだけで胸の高鳴りを抑えきれなくなってくる。

　過度に悲しくならないようにするために、母親の記憶を封印していたこれまでの自分とそれを解放しようとする今の自分。もはやどちらが嘘をついているのか分からないが、どちらも熱い感情ではある。嘘でも真実でも、そこに大した違いはない。次に作る映画で新しいものを見つけられれば、それでいい。

解説

解説

人には変化球を、社会には豪速球を

朝日新聞編集委員　石飛徳樹

石井監督はきっとマスコミが嫌いだ。マスコミはあらゆる社会事象をステレオタイプに当てはめる。彼の映画とは明らかに正反対のベクトルである。埼玉出身の石井監督が少年時代、浦和レッズのイベントに参加した時の挿話が本書に登場する。翌日のスポーツ紙には『僕がレッズに入って強くします』と決勝点を決めた石井君は大はしゃぎ」と書いてあった。しかし、石井少年はそんな発言は全くしていないというのだ。「メディア・リテラシーの必要性というものを学んだ記念すべき日となった」と石井監督は結んでいる。

そんな石井監督の本に、なぜマスコミの一員たる私が解説めいた文章を寄せることになったのか。それは私自身がマスコミ嫌いだからである。いや、「嫌い」はかっこよく決め過ぎた。もやもやっとした若干の疑問を持っているからだ。

実は私も子供の時に、石井監督と似た経験をしている。家で飼っていたオオクワガタが越冬したという記事が朝日新聞の大阪版に掲載された。その時の文章はこう締めくくられていた。「徳樹君は誓った。『ようし、次はお嫁さんをみつけてやるぞ』」。性に目覚める前の小学五年のガキに、そんな気の利いた発想は微塵もなかった。私のカギカッコが付いた他の発言も、記者が作ったものばかりだった。私のマスコミ不信（?）は、その時から始まっている。

ところが私はあろうことか記者になり、迅速さと平易さを多少犠牲にしてでもステレオタイプから脱してやろうと思いつつ、玉砕ばかり続けている。こんな非効率な努力を繰り返す私は、もしかすると石井映画的な人物なのではないだろうか。

石井映画的な人物というのは、本書を読んだ方ならば説明は不要だろう。万事スマートに動くことが出来ず、人生の選択を頻繁に間違えている。しかも、無駄に頑固だったりするから、自ら生きづらい方向へと突っ込んでいく。そんな人物のことだ。

さらに本書を読めば説明不要だと思うが、世の中で最も石井映画的な人物は石井監督その人である。彼の持つ本質的な非効率性、言い換えれば「遠回り」こそが石井映画の魅力であることも賛成していただけるだろう。

例えば、本書の冒頭のエピソード。ベテランスタッフの「結局俺たちは、芝居を撮ってるだけだから」という一言に、石井監督はムッとする。しかしその言葉が気になり、長い時間をかけて考え続けた末、「映画は、芝居だ」という境地に達する。これは一見、ステレオタイプな物言いと同じである。ただし、一回りして戻ってきているがゆえに、考え方に厚みが生まれている。

石井監督は一種の天才であるうえに、思考が何周も回っているため、私自身、すべてを理解出来ているわけではないとは思う。しかし極めて激しく同意出来ることが、石井映画の中に、そして本書の中に頻出してくる。

先ほどの芝居に関する考察にはこんな続きがある。「合コンでも面接でも、人間は常に芝居をしている」。合コンと面接！ 私の最も苦手なものの一位と二位ではないか。合コンも面接も、目標とする人物に気に入られようと自己アピールする場だ。競争相手に勝つために、かなり無理筋の恥ずかしい芝居になる。他人のそんな姿を見る分には冷笑していられるが、自分が当事者になった場合には、思わず四六の蝦蟇《がま》のごとく脂汗が出る。人間の醜さが露見する合コンと面接を、さりげなく並列してくるのが石井流だとうならされた。

このように、石井監督は人間を斜めから見る時の変化球の曲がりが実に鋭い。しかし一方で、社会の矛盾に対して怒る時には豪速球を投げ込んでくる。その緩急の妙こそが石井映画の強靭さを支えているのだと思う。

早世した彼の母親が「常に弱い人の味方でいなさい」と言ったエピソードも印象深い。彼はこう記す。「なぜそうしなければいけないのか、そこに関する疑いを持ったことは一度もない。母に理由を尋ねたこともない。愚問だ。そもそも理由などあろうはずがない」

何と豪速球の意思表明だろうか。私はこの文章を読んで、弱者の味方でいることは人間のレゾンデートルであると気づかされた。動物は自分の子を除き、弱者の味方などしない。弱肉強食の剝き出しの生存競争を繰り広げている。人間だけがそこから抜け出し、弱者の味方が出来るまでに進化を遂げてきた。ところが、現代の人類は「効率優先」「自己責任」といった新自由主義的スローガンを掲げて、弱者を切り捨て、強者が総取りする社会を再び志向し始めた。これを退化と言わずして何と呼ぼう。こうした現状に対し、ストレートに怒りをぶつけてくるのが石井監督だ。

マスコミと映画は、社会を動かす車の両輪だ。私は本当はそう思っている。マスコミは社会で起こっていることを迅速かつ平易に伝える義務を負っている。その過程で一定程度のステレオタイプが入り込む。それは仕方のないことだと思っている。一方、映画は、このステレオタイプから事象の本質を解放する役割を担っている。他の芸術にも当てはまることだが、映画の特性は圧倒的多数の人々に影響を与えることが出来る点である。この二つがかみ合った社会は強いのではないだろうか。

石井監督は本書で「やまゆり園事件」を映画化したいとの思いを綴っている。「生産性のない命には価値がない」と主張する男が、障害者施設の入所者や職員四十人以上を殺傷した事件だ。この映画は何としても実現してもらわねばならない。マスコミと映画という異なるアプローチから事件を見ることによって、現代の病理に対して厚みを持った強い思想を持つことが出来る。これから心技体の充実期に入る三十七歳の石井監督には今、そんな役割を期待している。

解説

闘うものが発する言葉

俳優　池松壮亮

参った。えらく面白い。

僕の好きな映画監督が本を書いた。

出会った頃から度肝を抜かれてきた、それは今も変わらない。

石井裕也とは、時代の揺らぎ、ざらつきやひりつきを、常にまっすぐ見つめている。それらを炙り出すわけではなく、そこに常に小さな光を当てようと試みる。この時代なんぞという僅《わず》かな単位ではなく、果てしないものを見渡そうとしている。人間を、世界を。はるかにもっと、大きなものを信じている。そういう人だ。

非凡だと思う、明らかに天才だと思う。そして何より、優しいと思う。

この本を読めばわかる通り、手厳しい。虚しく壊れゆく世界を疑い憂いているからこそ、受け手によっては時に、角が立つような言葉もある。しかし、当たり前のように知っているのだと思う。暴力や恐れや憎しみよりも、欺瞞《ぎまん》にまみれた愛や幸せ、喜びの方が、人を遥かに簡単に制御出来てしまうことの恐ろしさを。さらに僕は思う。こんなおかしな時代なんだ、誰かにいたわりの言葉をかけられた時だけでなく、闘うものが発する言葉もまた、誰かを救いとる力があるはずなのだと。

本の中で、脚本を書くということに触れている。

「いつまでたっても答えの出ない人間や人生というものに向き合って、必死になって考え、想像し続けることだ。終わりはないし、答えもない」

きっと、映画も同じではないかと思う。石井映画に携わり、見てきた僕が思う事をざっくりまとめるとすると、多くの人々が本来持つ、強く生きるべき、心、生きる力への意志を、伝え続けようとしているのだと思う。同じく本の中で、何度も繰り返される〝想像力〟とは、つまり視座のことで、恐らくそれは、愛情と思いやりのことを言うのだと思う。

世界を知ろうと努力し続けること、見失うまいと睨み続けること、他者への眼差しと想像力を絶やすまいと励み続けること、その誉れこそを、優しさと言うのだと思う。

石井裕也（いしい・ゆうや）

1983年生まれ。大阪芸術大学の卒業制作『剥き出しにっぽん』（2005年）が第29回ぴあフィルムフェスティバルでグランプリ・音楽賞（TOKYO FM賞）を受賞。『川の底からこんにちは』（09年）で商業映画デビューし、第53回ブルーリボン賞監督賞を史上最年少で受賞。『舟を編む』（13年）で第37回日本アカデミー賞最優秀作品賞、最優秀監督賞を受賞。その後、『ぼくたちの家族』（14年）、第33回バンクーバー国際映画祭で観客賞を受賞した『バンクーバーの朝日』（14年）、第91回キネマ旬報日本映画ベスト・テン第1位や第12回アジア・フィルム・アワードで最優秀監督賞を受賞した『映画 夜空はいつでも最高密度の青色だ』（17年）を監督。また、TBSの連続ドラマ『おかしの家』（16年）の監督、舞台公演『宇宙船ドリーム号』（17年）の脚本・演出など、活動は多岐にわたる。監督作品はその他に『乱反射』（18年）、『町田くんの世界』（19年）、『生きちゃった』（19年）、『アジアの天使』（20年）。

映《えい》画《が》演出《えんしゅつ》・個人的研究《こじんてきけんきゅう》課題《かだい》

2020年 9 月30日　第1刷発行

著者　石井裕也
発行者　三宮博信

発行所　朝日新聞出版
〒104-8011　東京都中央区築地5-3-2
電話　03-5541-8814（編集）
03-5540-7793（販売）

印刷所　大日本印刷株式会社

Published in Japan by Asahi Shimbun Publications Inc.
ISBN 978-4-02-331919-6